제3차 세계대전은 이미 시작되었다

제3차 세계대전은 이미 시작되었다

에마뉘엘 토드 지음

김종완 · 김화영 옮김

피플·사이언스

1장

제3차 세계대전은 이미 시작되었다

2장

우크라이나 전쟁의 인류학

일러두기

● 옮긴이 표시가 없는 괄호 안의 설명은 저자가 작성한 것입니다.

● 대괄호(( )) 안의 설명은 원서를 발간한 일본 〈문예춘추〉의 편집자가 넣은 것입니다.

● 이 책은 《第三次世界大戦はもう始まっている》의 내용 중 1장과 4장을 번역하였습니다.

● 1장의 일부 내용은 국내 실정 및 편집 방향과 맞지 않아 저자의 허락하에 싣지 않았습니다.

1장

제3차 세계대전은

이미 시작되었다

2022년 3월 23일 수록

'냉혹한 역사가'로서

러시아의 우크라이나 침공이 시작되고 나의 견해를 공식적으로 표명하는 것은 이 책이 처음이다.

모국인 프랑스에서는 취재를 모두 거절했다. 미디어가 냉정한 토론을 허락하지 않는 상황이기 때문이다. 샤를리 에브도 사건 (2015년 1월 7일 파리의 시사·풍자 주간지 〈샤를리 에브도〉 본사에 이슬람 과격파 테러리스트가 난입해 편집장, 만화가, 칼럼니스트, 경찰관 등 12명을 살해한 테러 및 그에 따른 일련의 사건 – 옮긴이)으로 '내가 샤를리다Je suis Charlie' 운동이 일어나 '표현의 자유'라는 이름 아래 반이슬람 정서가 사회를 지배할 때와 유사한 상황이다. 그때 나는 세간의 여론을 적으로 돌릴 위험이 다분한 책《샤를리는 누구인가?》를 출간했다. 프랑스에서 내 견해를 냉정하게 받아들일 가능성이 보이지 않았고, 처음 취재를 의뢰한 곳이 일본의 신문사였다.

이 전쟁이 언제까지 지속되고, 향후 어떻게 진행될 것인가?

사태는 유동적이고 신뢰할 수 있는 정보도 한정되어 있어 현시점에서 앞을 내다보는 것은 대단히 어렵다. 다만 세계가 중대한 역사의 전환점을 맞이한 것은 분명하다. 역사가 입장에서는 굉장히 흥미로운 국면에 직면했다고 말할 수 있다. 다만 현시점에서 나는 '시민으로서의 나'와 '역사가로서의 나'로 분열되어 있다.

나는 개인적으로 전쟁을 가슴 깊이 증오한다. 젊을 때 나는 군복무를 하지 못했다. 가벼운 정신 질환을 앓아서 군대와 같이 규율이 엄격한 집단생활이 힘들다는 진단을 받았기 때문이다.

이번 전쟁은 견디기 어려운 일이다. 일반 시민이 살해되고, 여성과 어린아이들이 피란을 가고, 주거지가 파괴되는 비참한 영상을 눈으로 보면서 전쟁이 시작되고 나서는 인간으로서 '고난'이라고밖에 표현할 수 없는 상태다.

다른 한편으로 인간의 역사와 늘 함께한 것이 '전쟁'이다. 그러므로 '전쟁'에 대해 냉철하게 이야기하지 않으면 안 된다.

지금부터는 '냉혹한 역사가'의 입장이지만 이것은 어디까지나 나라는 인간의 일부에 지나지 않는다는 점도 이해해주기 바란다.

전쟁의 책임은 미국과 NATO에 있다

이번 전쟁에 대해서는 미국과 서유럽의 반응이 큰 차이를 보인다. 영국, 프랑스, 독일 같은 서유럽 국가는 지정학적 사고와 전략적 사고가 완전히 사라지고 모두 감정적으로 흘러간다.

그에 비해 미국은 논의가 일어난다. 이 전쟁은 지정학적·전략적 관점에서도 살펴볼 수 있다.

대표적인 인물이 미국 공군 출신으로 현재 시카고대학 석좌교수인 국제정치학자 존 미어샤이머John Mearsheimer(국제관계학에서 공격적 현실주의 이론의 대표적인 지지자. 이라크 전쟁을 강력하게 반대해 네오콘 학자와 대립하기도 했다. 일찍이 미중 충돌을 예언했으며, 1994년 우크라이나의 핵 포기 결정을 러시아의 침략에 직면할 것이라는 이유로 거의 유일하게 반대한 인물이다-옮긴이)다. 그는 하버드대학 교수인 국제정치학자 스티븐 월트Stephen Walt와《이스라엘 로비와 미국의 외교 정책The Israel Lobby And U.S. Foreign Policy》이라는 공저를 낸 전략적 현실주의자로, 이번 전쟁에 관해 "우선 감정에 치우치지 말고 현실 정치Real Politics 관점에서 전쟁의 원인을 생각해야 한다"고 문제를 제기했다.

　미어샤이머가 내린 최초의 결론은 "지금 일어나는 전쟁의 책임은 푸틴이나 러시아가 아니고 미국과 NATO에 있다"이다.

　'우크라이나의 NATO 가입은 절대로 인정하지 않는다'고 러시아가 명확하게 경고해왔음에도 불구하고 미국과 NATO가 이것을 무시한 것이 이번 전쟁의 원인이라고 주장한다.

우크라이나는 NATO의
'사실상' 가입국이었다

중요한 사실은 "이 문제는 우크라이나가 실제로 가입 신청을 했는가라는 형식적인 문제로 정리될 일이 아니다"라고 미어샤이머는 지적한다. 그는 러시아의 공격이 시작되기 전부터 "우크라이나는 이미 NATO의 '사실상de facto'의 가입국"이었다고 말했다.

또 하나 미어샤이머가 지적하는 중요한 사실은 "우크라이나의 NATO 가입, 즉 NATO가 러시아 국경까지 세력을 확대하는 것은 러시아의 생존과 관련되는 '사활 문제'이고, 그런 사실을 러시아는 우리에게 거듭 강조해왔다"는 것이다.

매우 명쾌한 지적이며 나도 기본적으로 그와 같은 생각이다. 유럽을 '전장'으로 만든 미국에 분노를 느낀다.

그럼에도 현시점에서 이렇게 단언하는 것은 용기가 필요하다.

다만 미국에는 그의 생각에 동의하는 사람들도 상당수 있는 것 같다. 미어샤이머가 그렇게 단언한 동영상은 미국을 중심으로 이례적으로 높은 조회수를 기록했다.

뮌헨회담보다는 쿠바 위기

"푸틴은 구소련이나 러시아 제국의 부활을 꾀하며, 동유럽 전체를 지배하려고 한다. 우크라이나에서 끝나지 않을 것이다. 다음에는 폴란드나 발트삼국을 침공할 것이다. 그렇기 때문에 우크라이나 문제로 푸틴과 교섭하거나 타협하는 융화적 태도는 결국 히틀러의 폭주를 허용한 1938년의 뮌헨회담(독일 뮌헨에 영국·독일·프랑스·이탈리아 정상이 모인 회담. 또 다른 세계대전의 발발을 피하고자 당시 체코슬로바키아령이던 수데텐 지방을 나치 독일에 양도하는 것을 승인했다. 이 회담으로 독일은 군비를 증강해 결과적으로 제2차 세계대전의 계기가 되었다는 비판을 받고 있다 – 옮긴이)의 전철을 밟게 될 것이다." 서방의 미디어는 연일 이렇게 이야기하고 있다.

이에 대해 미어샤이머는 그 견해는 잘못되었다고 지적한다. 역사적 유사성으로 말하자면 뮌헨회담보다는 소련이 쿠바라는 '미국의 뒷마당'에 핵미사일을 설치하려고 해서 미국이 이를 용납할 수 없었던 1962년의 쿠바 위기(1962년 소련이 쿠바에 핵미사일 기지를 건설하자 미국이 카리브해에서 쿠바 해상을 봉쇄하는 등 미국과 소련 사이에 긴장이 고조, 핵전쟁 직전까지 간 일련의 사건. 일촉즉발의 상황에서 케네디 대통령과 흐루쇼프 서기장 사이에 협의가 이루어져 위기 상황이 종료되었다 - 옮긴이)와 비교해야 한다.

그리고 이 위기의 기원과 전체적인 실상을 파악하기 위해서는 냉전 종결 후의 역사를 다시 살펴볼 필요가 있다고 주장한다.

'동쪽으로 확대하지 않는다'는 NATO의 약속

 냉전 후 NATO는 동쪽으로 한층 확장했는데 두 차례 중요한 시기가 있다. 폴란드, 헝가리, 체코가 가입한 1999년과 루마니아, 불가리아, 슬로바키아, 슬로베니아, 에스토니아, 라트비아, 리투아니아가 가입한 2004년이다.

 독일의 통일이 결정된 1990년 시점에서 "NATO는 동쪽으로 확장하지 않는다"는 '약속'이 소련과 이루어졌지만[당시 소련 서기장 고르바초프에게 1990년 2월 9일 미국의 베이커 국무장관이 "NATO를 동쪽으로는 1인치도 확장하지 않을 것을 보증한다"고 전달하고 다음 날에는 콜 서독 수상이 "NATO는 활동 범위를 넓혀서는 안 된다고 생각한다"고 밝혔다], 그럼에도 불구하고 러시아는 불쾌감을 표하면서도 두 번에 걸친 NATO의 동진을 받아들였다.

 게다가 NATO는 2008년 4월 루마니아 부쿠레슈티에서 열린 NATO 정상회담에서 조지아와 우크라이나의 NATO 가입 문제를 공식적으로 논의했다.

직후 푸틴은 긴급 기자회견을 열어 "강력한 국제기구가 국경을 접하는 것은 자국의 안전 보장에 대한 직접적인 위협으로 판단된다"고 주장했다. 즉 이 시점에서 러시아는 "조지아와 우크라이나의 NATO 가입은 절대로 받아들일 수 없다"고 경고하면서 "러시아가 절대 양보할 수 없는 레드 라인"임을 명확하게 밝힌 것이다.

그리고 2014년 2월 22일 우크라이나에서 '유로마이단 혁명(2013년 11월 21일 우크라이나·EU연합 협정 서명을 중지하고 러시아나 유라시아경제연합과 연계를 강화하려는 우크라이나 정부의 결정에 반대해 발생한 무력 충돌 - 옮긴이)'이라고 불리는 쿠데타 — 민주적인 절차를 거치지 않고 친EU파에 의해 야누코비치 정권이 무너진다 — 가 발생했다.

이 일로 러시아는 크림반도를 편입하고 친러파가 동부 돈바스 지방을 실효 지배했는데, 이는 주민 대부분이 이 쿠데타를 인정하지 않았기 때문이다.

우크라이나를 '무장화'한 미국과 영국

우크라이나는 정식으로 NATO에 가입하지 않았다. 그러나 러시아의 침공이 시작되기 전 단계에서 우크라이나는 '미국과 영국의 위성국가', 'NATO의 사실상 가입국'이었다고 미어샤이머는 지적했다. 미국과 영국이 고성능 병기를 대량 지원하고, 군사 고문단도 파견해 우크라이나를 '무장화'했기 때문이다. "우크라이나를 바로 NATO의 일부로 한다고는 아무도 말하지 않았다"는 트릭을 사용하면서 우크라이나를 무장화하고 '사실상' NATO에 편입시킨 것이다.

현재 우크라이나군이 러시아군의 공격을 저지할 정도의 힘을 보여주는 것은 우크라이나 병사의 분투 때문이기도 하지만, 무엇보다 미국과 영국에 의해 효과적으로 병력이 증강되었기 때문이다.

우크라이나군의 예상을 웃도는 저항은 바로 미국과 영국의 군사지원의 성과인 것이다.

늦기 전에 우크라이나군을
파괴하는 것이 목적

러시아가 간과할 수 없었던 것은 이 '무장화'가 크림반도와 돈바스 지방의 탈환을 목표로 한 것이었기 때문이다.

프랑스의 〈르 몽드〉—인텔리에 반러시아적 성향이 주 독자층—는 "크림반도에 수도 공급을 차단하고 크림반도에서 러시아인을 쫓아내는 것이 우크라이나의 목적이다"라는 기사를 게재했다.

요약하면 2014년에 '러시아에 뺏긴 토지'를 탈환하는 것이 우크라이나의 정치·군사적 목표였던 것이다.

이런 우크라이나의 움직임에 대해 푸틴은 "우리는 스탈린의 실수를 반복해서는 안 된다. 더 늦기 전에 행동해야만 한다"고 주목할 만한 발언을 했다. 즉 이번 러시아 침공은 나날이 강해지는 우크라이나군을 더 늦기 전에 파괴하는 것이 군사상 가장 중요한 목적이었다.

우크라이나군이 저항할수록 전쟁은 격화

이런 상황에서 우크라이나의 군사적 저항을 서방 사람들이 반기기는 어렵다고 미어샤이머는 지적했다. 우크라이나군이 강하게 저항하면 할수록, 러시아군은 공격적으로 나올 것이기 때문이다. 우크라이나군이 군사적으로 성공하면 러시아군은 더 강한 무기를 사용하게 되고 전투는 한층 격화된다. 실제로 이런 경향이 벌써 나타나고 있다.

마리우폴(2022년 2월 25일 마리우폴에 공격을 시작해 3월에 마리우폴을 포위한 후 도시로 진입했다. 4월 러시아의 공격으로 도시의 95% 이상이 파괴되었고, 우크라이나군은 아조우스탈 제철소를 마지막 방어선으로 결사 항쟁했으나 5월 20일 최종적으로 항복했다–옮긴이)이 '본보기'로 공격받은 데는 이유가 있다. 아조우해에 자리한 전략적인 요충지일 뿐 아니라 네오나치의 극우 세력인 '아조우 대대'(2014년에 외국인 용병을 포함한 백인 지상주의 극우 성향의 민병 조직으로 결성되었다. 현재는 우크라이나 내무부 산하에 있는데, 나치를 연상시키는 볼프스앙겔을 부대 마크로 사용한다. 일본 공안조

사청도 "네오나치 조직이 아조우 대대를 결성했다"고 표기했다가 현재는 홈페이지에서 내용을 삭제했다]가 발생한 지역이기 때문이다. 러시아의 주장에도 귀를 기울일 필요가 있다. 그들이 말하는 '비나치화'란 이 아조우 대대를 퇴치한다는 의미다.

우크라이나군의 성공적인 발자취가 이 전쟁을 더 폭력적인 방향으로 이끈다. 러시아에 '사활 문제', 즉 생존을 건 문제이기 때문이다. 미어샤이머는 이와 같이 주장하고, 나도 이에 동의한다.

미국도 '사활 문제'로

미어샤이머는 "러시아는 미국이나 NATO보다 결연한 태도로 이 전쟁에 임하기 때문에 어떤 희생을 치르더라도 러시아가 승리할 것이다"라고 결론을 내리는데, 이 부분에 일부 오류가 있다고 생각한다. '전략적 현실주의'라는 미국의 지정학적 사고의 한계와 결점이 드러나는 듯하다.

요컨대 우크라이나 문제는 러시아에 '사활 문제'이지만 미국에는 '먼 문제', '우선순위가 낮은 문제'라고 미어샤이머는 말한다. 그런데 사실 이 사태는 미국에도 '사활 문제'가 되어가고 있다.

러시아의 우크라이나 침공은 미국 주도의 국제 질서에 직접적인 도전이며 이 점에서 미국은 충격을 받았다.

그리고 미국을 비롯한 서방 국가는 러시아에 대한 경제 제재나 우크라이나에 대한 군사적·재정적 지원 같은 직접적인 군사 개입 외 모든 수단을 사용해 러시아 침공을 저지하고 러시아를 패배시키려 한다.

그런데 만약 러시아의 승리를 저지하지 못하면 어떻게 될 것인가? 미국은 위신에 상처를 입고, 미국 주도의 국제 질서 자체가 흔들리게 된다.

　　미국은 군사와 금융 면에서 세계적인 패권을 쥐고 있지만, 실물 경제에서는 세계 각지의 공급에 전면적으로 의존하는데, 이런 시스템 전체가 붕괴될 우려가 커진다. 우크라이나 문제는 미국에도 나름의 '사활 문제'가 되었다. 이 부분이 미어샤이머가 오판한 지점이며, 미국은 이 전쟁에 그가 예상하는 것 이상으로 깊이 말려들 가능성이 있다.

　　그런 의미에서 우크라이나 문제는 이미 '글로벌화'되었다.

이미 제3차 세계대전에 돌입했다

우크라이나 문제는 원래 소련 붕괴 후의 국경 수정이라는 '지역적인 문제'였다. 1991년 당시 러시아가 소련 해체를 평화적으로 수용한 것에 전 세계가 놀랐는데, 러시아 측에서 보면 1990년대 초반에 시행했어야 할 국경 수정을 지금 시도하는 것이라 할 수 있다.

그러나 이 문제는 처음부터 '글로벌 문제'이기도 했다.

미국의 지정학적 사고를 대표하는 폴란드 출신의 즈비그뉴 브레진스키Zbigniew Brzezinski는 "우크라이나 없이 러시아는 제국이 될 수 없다《거대한 체스판The Grand Chessboard》"고 말했다. 미국에 대항할 수 있는 제국이 되는 것을 막기 위해서는 우크라이나를 러시아에서 분리해야 한다는 것이다.

그리고 실제로 미국은 이런 전략에 기초해 우크라이나를 무장화하고 "NATO의 '사실상' 가입국"으로 만들었다. 이런 미국의 정책이 본래 '지역적인 문제'에 그칠 우크라이나 문제를 '글로벌 문제화=세계 전쟁화'해버린 것이다.

지금 사람들은 '제3차 세계대전으로 나아가고 있다'고 말하지만 나는 '이미 제3차 세계대전에 돌입했다'고 본다.

　우크라이나군은 미국과 영국의 지도와 훈련으로 재조직화되어 보병뿐 아니라 대전차포와 대공포까지 갖추었다. 특히 미국의 군사 위성 지원이 우크라이나군의 저항에 결정적으로 기여한다.

　그런 의미에서 러시아와 미국 사이의 군사적 충돌은 이미 시작된 것이다. 미국은 단지 자국민 사상자를 만들고 싶지 않을 뿐이다.

20세기 최대 지정학적 대참사

러시아는 어떤 의미에서는 우아한 형태로 공산주의 체제에서 벗어났다. 인류 역사상 가장 강고한 전체주의 체제를 스스로 무너뜨렸다. 이것은 고르바초프의 위대한 공적이다.

그리고 동유럽 위성국가의 독립을 받아들이고 나아가 소련의 해체마저 수용했다.

발트 지역의 여러 나라, 카프카스 및 중앙아시아 공화국이 독립하는 것을 평화적으로 받아들인 것이다.

그뿐만이 아니다. '넓은 의미의 러시아', 즉 슬라브의 핵심부는 러시아(대러시아), 벨라루스(백러시아), 우크라이나(소러시아)로 이루어지는데 벨라루스와 우크라이나의 분리 독립, 즉 '넓은 의미의 러시아' 핵심부의 분열까지 받아들였다.

더불어 소비에트연방(소련)이 성립된 1922년 이전까지 우크라이나와 벨라루스는 국가로 존재한 일이 전무하다.

소련 붕괴는 '공산주의 체제의 종언'과 '(소련이라고 하는)국가의 해체'라는 이중의 의미를 갖지만, 소련 붕괴 직후의 무정부 상태로 인해 소련 시대에 인공적으로 만든 국경이 그대로 존중되는 결과가 되었다. 푸틴이 소련 붕괴를 "20세기 최대의 지정학적 대참사"라고 말하는 것은 이런 의미다.

러시아에 의한 크림반도 편입이나 우크라이나에서 러시아계 주민의 자율성 획득을 위한 지원(돈바스 지방 친러파의 실효 지배 지원)은 '인민 자결권'이라는 전통적인 사고방식에서 생각하면 나름의 정통성을 가진다. 그러나 여러 서방 국가에서는 "터무니없이 불길한 사태"로 받아들인다.

냉전 후 미국과 러시아의 관계

냉전 후의 러시아는 서방측과 공존을 지향했다. 하지만 러시아 인은 얼마 지나지 않아 배신을 당했다.

소련 붕괴 후 서구는 러시아에 신자유주의 조언자를 파견했다. 1990년부터 1997년까지 미국인 고문의 도움을 받아 경제 자유화 라는 난폭한 기획이 추진되었는데 러시아 경제와 국가를 파탄으로 이끌었다. 그들의 잘못된 조언으로 러시아가 푸틴 주도로 경제를 재건하는 데 막대한 노력이 필요했다.

또한 미국은 'NATO는 동쪽으로 확대하지 않는다'고 공언했음에도 불구하고 실제는 최대한의 전략적 우위를 유지하고 결국 러시아를 군사적으로도 포위했다. 너나없이 러시아를 탓하지만 미국과 동맹국의 군사기지 네트워크를 보면 명확하게 포위된 것은 서방이 아니고 러시아 쪽이다. 군사적 긴장을 고조시킨 것은 러시아가 아니고 NATO였다.

전쟁 전 각국의 노림수

이번 전쟁이 왜 시작되었는가를 이해하기 위해서는 우선 전쟁 발발 전 각국의 노림수를 이해할 필요가 있다.

미국의 목적은 우크라이나를 NATO의 사실상 가입국으로 만들어 러시아가 미국에 대항할 수 없는 종속적인 지위로 내모는 것이었다.

이에 반해 러시아의 목적은 미국의 의도를 저지하고 미국에 대항할 수 있는 대국으로서 지위를 유지하는 것이었다.

러시아는 인구 규모는 일본과 비슷하지만 미국에 계속 대항할 수 있는 세력이 되길 원했다. 그렇기 때문에 미국에 의한 우크라이나 '무장화'가 더 이상 진행되는 것을 우려해 침공을 단행한 것이다.

지금의 상황은 '강한 러시아가 약한 우크라이나를 공격한다'고 볼 수 있지만, 지정학적으로 더 큰 관점에서 보면 '약한 러시아가 강한 미국을 공격한다'고 볼 수도 있다.

초강대국은 하나보다 둘 이상이 좋다

하나의 국가, 하나의 제국이 아무런 제지도 받지 않고 전 세계에 절대적인 지배력을 갖는 것이 좋을 리가 없다. 단 하나의 초강대국이 존재하는 상태보다 둘 이상인 편이 균형을 유지하는 데 바람직하다.

냉전의 승리에 취한 미국이 '전 세계의 지배자'로 군림하는 것을 저지할 수 있는 유일한 존재가 러시아였다. 2003년 이라크에 대해 미국이 독선적으로 행동할 때도 러시아는 '서방의 자유로운 공간 보전'에 공헌했다. 스노든을 받아들여서 결과적으로 '서양 시민의 자유 옹호'에 공헌한 것도 러시아였다. 우리는 이런 사실에도 주목해야 한다.

거슬러 올라가 제2차 세계대전 당시도 소련은 막대한 희생을 치르면서 독일 국방군을 격퇴함으로써 미국·영국·캐나다 연합군에 의해 프랑스 해방이 가능하도록 일조했다. 소련은 2000만 명 이상의 희생자를 내면서 나치 독일의 악몽에서 유럽을 해방하는 데 어떤 의미에서는 미국 이상으로 공헌했다. 하지만 냉전 후 서방은 이런 역사를 완전히 망각해버린 듯이 행동해왔다.

그뿐 아니라 러시아가 회복세로 돌아서자 '러시아 혐오(러시아 공포증)' 감정은 약해지지 않고 한층 강해졌다. 푸틴이 이끄는 러시아의 권위적 민주주의 체제가 그 자체로 증오의 대상이 되어버린 것이다. 서방 국가에서 '역사의 망각'이나 '지정학적 몰이해' 이상으로 어처구니없는 것은 이 같은 '러시아 혐오'가 고조되는 현상이다.

벌어진 사태에 모두 놀랐다

실제로 전쟁이 시작되자 무슨 일이 벌어졌을까?

주목할 점은 제1차 세계대전 당시와 마찬가지로 발발한 사태에 모두 놀랐다는 것이다.

우선 우크라이나인은 미국이나 영국이 자신들을 지켜줄 것으로 생각했는데 기대대로 되지 않은 것에 놀랐을 것이다.

러시아의 침공이 시작되자 미국과 영국의 군사고문단은 폴란드로 도망쳤다. 우크라이나 사람들은 대량의 무기를 손에 쥐고 있으면서도 단독으로 러시아에 맞서야 했다.

즉 미국과 영국은 우크라이나인을 '인간 방패'로 내세워 러시아와 싸우는 것이다. 현재 미국과 우크라이나는 견고하게 연대한 듯 보이지만 장기적으로 보면 이 배신에 대해 우크라이나인의 반미 감정이 고조될 가능성도 부정할 수 없다.

미국의 오산

그러면 미국은 어땠을까?

미국 전략가들의 지정학 문헌을 읽어보면 이 문제를 얼마나 진지하게 생각하는지 알 수는 없지만, 어쨌든 "전쟁이 미국 문화의 일부가 되었다"는 것만큼은 알 수 있다.

미국은 제2차 세계대전 후에도 줄곧 전쟁을 지속해온 국가다.

이것이 유럽과 큰 차이다. 이번 전쟁에 관해 유럽이 아니고 미국에서 다양한 논의가 일어나는 이유도 여기에 있다.

유럽인과 달리 미국인에게는 '다른 국가를 침략하는 것도 일반적인 일'이라고 생각하는 바탕이 있는 것이다. 미국에서 보면 이번에는 러시아가 미국이 했던 것과 같은 일을 한다고 생각할 수 있다.

다만 아프가니스탄이나 이라크, 시리아 등 미국이 지금까지 벌여온 전쟁은 약소국이 대상이었다. 그에 비해 이번엔 대국 러시아가 사실상 미국을 적으로 하는 셈이다.

그런 의미에서 이것은 커다란 역사적 전환이다.

미국은 지금까지 러시아와 체스 같은 게임을 계속해왔는데, 푸틴이 이렇게까지 결단을 내려 대규모로 우크라이나를 침공함으로써 미국이 주도하는 국제 질서에 정면으로 맞서리라고는 생각지 못했을 것이다. 이런 러시아의 도전을 받아 미국도 상당히 놀랐을 것이다.

미국의 외교는 현재 극심한 혼란 상태다. 손바닥을 뒤집듯 바로 한 달 전까지만 해도 '최대의 적'이던 중국에 급작스레 협력을 요구한다든지, 강한 제재를 가하던 베네수엘라와 관계 구축을 서두르는 등 미국의 동요가 엿보인다(미국은 무함마드 빈 살만 왕세자가 언론인 자말 카슈끄지의 살해를 지시했다는 이유로 사우디아라비아와 냉랭한 관계를 유지했다. 그러나 러시아가 우크라이나를 침공하면서 협력이 필요해진 바이든 대통령은 2022년 7월 사우디아라비아를 방문해 유화정책을 폈다. 그럼에도 OPEC은 원유 생산량을 2년 만에 대폭 줄이기로 결정했으며, 더욱이 미국의 중간선거일이 있는 11월부터 시행한다고 발표해 선거에 악재라는 반발을 불러일으켰다 – 옮긴이).

이번에 발생한 '최대 스캔들'은 지금까지 미국의 전매특허였던 다른 나라 침공을 러시아가 행했다는 사실이다.

러시아도 예상 밖 사태

　러시아도 서방 국가, 특히 유럽이 이 정도로 강하게 대응하리라고는 예상하지 못했을 것이다. 러시아의 에너지 자원에 의존하는 유럽 경제의 취약성을 확신했기 때문이다.

　게다가 러시아는 군사적으로도 자신하고 있었다. 냉전 시대에는 없었던 일이지만 러시아는 군사 기술에서 일정 부분 미국보다 우위에 있다.

　'항공모함 킬러'라고 불리는 초음속 미사일 분야에 러시아가 미국에 비해 4년은 앞서 있다고 말한다. 미국 군사력의 중심에 있는 '항공모함'이 이제는 시대에 뒤처진 물건이 되었을 가능성이 높고, 여러 나라에 '강매'하는 전투기 F-35도 전투기 설계자이자 군사 전문가 피에르 스프레이Pierre Sprey가 지적하듯 실전에서 제 기능을 발휘할지 의심스럽다는 시각도 있다.

　미군의 진짜 실력에 관해서는 불투명한 부분이 있다. 그렇기 때문에 러시아는 조지아, 시리아, 크림반도에서 일정 부분 합리성을 토대로 더 이상 미국을 두려워하지 않는 행동을 보여왔던 것이다.

또한 러시아는 핵 강대국이다. 이 때문에 유럽은 러시아와 경제적 단교를 결단하지 못하고, 이 문제에 본격적으로 개입할 수 없다고 생각했을 것이다.

가족공동체인 러시아와
핵가족인 우크라이나

그러나 러시아의 최대 오산은 우크라이나 사회의 저항을 오판한 것이다. 이는 우크라이나 사회가 러시아와 다르다는 인식을 하지 못했기 때문이다.

인류학적 기반에서 보면 우크라이나 사회는 러시아와 서로 다른 사회다. 내 전공인 가족 시스템으로 설명하자면 러시아는 '가족공동체(결혼 후에도 부모와 동거, 부모 자식 관계는 권위주의적, 형제 관계는 평등)' 사회이고, 우크라이나는 '핵가족(결혼 후 부모에게서 독립)'인 사회이다.

러시아와 같은 가족공동체 사회는 평등 개념을 중시하는 질서정연한 권위주의 사회이며, 집단행동에 능하다. 이런 문화가 공산주의를 받아들이고, 현재의 푸틴 대통령이 이끄는 '러시아의 권위적 민주주의'의 토대가 되는 것이다.

그렇기 때문에 서방측 미디어가 "전쟁을 일으킨 미친 독재자"로 푸틴 한 사람을 지목해서 규탄하는 것은 단적으로 말하면 잘못되었다. 푸틴과 같은 인물이 권력의 정점에 있는 것은 러시아 사회가 그와 같은 권위주의적 지도자를 원하기 때문이다.

한편 우크라이나 사회는 일찍이 공산주의를 만들어낸 러시아 사회와 다르다. 단편적인 데이터뿐이지만 대부분 핵가족 구조이고 개인주의적 사회다. 아나톨 르루아볼리외Anatole Leroy-Beaulieu라는 19세기 프랑스 역사가가 저술한 《차르와 러시아 제국L'Empire des tsars et les Russes》의 묘사를 보면 적어도 소러시아(우크라이나 중부)는 핵가족 사회였음을 알 수 있다.

그런 의미에서 푸틴이 러시아인과 우크라이나인의 일체성을 주장하는 데 반해 우크라이나인이 '우리는 러시아인과 다르다', '소러시아(우크라이나)와 대러시아(러시아)는 서로 다르다'고 주장하는 것은 일리가 있다. 우크라이나의 핵가족은 러시아의 가족 시스템과 다르기 때문이다.

오히려 핵가족은 영국, 프랑스, 미국과 같은 자유민주주의 국가에서 볼 수 있는 가족 시스템이다. 이 부분만 떼어놓고 보면 우크라이나를 '서방측 국가'라고 볼 수도 있을 것이다.

'국가'로 존재하지 않았던 우크라이나

그러나 민주주의가 성립하기 위해서는 우선 국가 건설이 선결 조건이다. 민주주의는 '강한 국가' 없이는 성립하지 않는다. 개인주의만으로는 무정부 상태가 되어버리기 때문이다.

문제는 우크라이나에 국가가 존재하지 않는 것이다. 우크라이나의 핵가족 구조가 만들어낸 것은 '민주주의 국가'가 아니고 '무정부 상태'였다.

게다가 현재 우크라이나는 3개 지역으로 이루어진다.

우선 서부에 르비우를 포함한 지역이 있다. 러시아에서 '거의 폴란드'로 간주하는 지역으로 러시아가 이곳에 관심을 가진다고 보지는 않는다.

키이우에서 드니프로보다 좀 더 안쪽까지, 중부에는 '소러시아'라 불리는 지역이 펼쳐진다. 이곳이 이른바 '진짜 우크라이나'로, 핵가족 구조가 나타난다.

흑해 연안 지역과 돈바스 지역으로 이루어지는 남부와 동부는 푸틴이 역사에 빗대어 '노보로시야Novorossiya(신러시아, 푸틴 대통령의 욕망을 보여주는 신조어로, 본디 18세기 러시아의 영향권에 들어온 영토를 말하나 현재는 우크라이나 동부 지역을 가리킨다 – 옮긴이)'라고 부르는 지역이다.

민족·언어·종교라는 관점에서 보면 우크라이나는 서부에 우니아트 신도[우크라이나 동방 가톨릭교회의 신도. 의식은 동방 전례를 계승하면서도 로마 교황의 수위권을 인정한다]인 우크라이나인, 중부에 그리스 정교도인 우크라이나인, 동부에 러시아계 주민(러시아어 사용자), 이렇게 다른 주민 집단을 아우른다.

이처럼 서부(갈리치아), 중부(소러시아), 동부·남부(돈바스·흑해 연안) 세 지역은 서로 너무 다르고, 소련이 성립하기 전까지 우크라이나는 '국가'로 존재하지 않았다.

친EU파는 네오나치

2014년에 이른바 유로마이단 혁명, 푸틴이 "야누코비치 정권을 위법하게 무너뜨린 쿠데타"라고 말하는 이 사건을 가장 적극적으로 주도한 것은 프랑스의 국민연합(구 국민전선)이 중도좌파로 보일 정도인 우크라이나 극우 세력이다.

당시 서부 우크라이나인은 EU 가입을 열망했는데 우크라이나 전체로 보면 일부에 지나지 않았다. 극우 세력이 극렬한 곳은 우크라이나의 가장 가난한 지역 중 하나인 서부로, 이곳은 유럽, 특히 폴란드인과 친근하다. 과거 나치 독일 측에 섰던 서부 우크라이나의 극우 세력은 실질적으로 독일 지배하에 있는 유럽, 즉 '독일 제국화한 EU'에 가입하고 싶어 했다. 친EU파라고 서방 미디어가 호의적으로 보도하는 세력의 실태는 '네오나치'였던 것이다.

이에 비해 중부 우크라이나인은 그리스 정교도이지만 우크라이나어를 사용하고 러시아에 대해 경계심을 가지면서도 서부 우크라이나인의 극우 사상과도 거리를 두고 있었다.

그리고 크림반도나 돈바스 지방의 러시아계 주민(러시아어 사용)
은 유로마이단 혁명, 다시 말해 그들에게는 '쿠데타'—민주주의적
절차에 의하지 않고 야누코비치 정권이 무너진 것—를 인정하지
않았다. 그렇기 때문에 러시아는 주민 투표를 거쳐서 크림반도를
편입하고, 친러파가 돈바스 지방을 실효 지배하게 되었다(유로마이
단 혁명 이후 크림반도에서는 반대 집회가 이어졌다. 러시아는 2014년 2월 27일
무력으로 크림반도 주요 시설을 점령했다. 그 후 합병에 대한 주민 투표를 실시해
압도적 찬성으로 통과되었다 — 옮긴이).

네오나치와 손잡은 유럽

이에 대해 유럽은 어떻게 행동했을까?

2014년 2월의 사태에 야누코비치 정권이 무너지기 직전에 독일 주도로 독일의 슈타인마이어, 프랑스의 파비위스, 폴란드의 시코르스키 세 나라의 외무장관이 우크라이나 수도 키이우에 모였다. 이것은 우크라이나의 극우 세력과 유럽이 손잡은 것과 같은 행동이었다. 즉 이 시점에 이미 독일과 독일이 이끄는 유럽은 우크라이나의 평원에서 러시아를 상대로 잠재적인 분쟁 상태에 들어간 것이다.

야누코비치 정권 붕괴 후 우크라이나 동부에서는 언어적·문화적으로 러시아에 가까운 주민이 공격에 노출되었다. 이 공격은 사실상 EU에 의해 묵인되었고 필시 무기를 사용해서 실행되었다. 그렇기 때문에 푸틴은 "우크라이나에 있는 러시아인의 보호"를 주장한 것이다.

가족 구조와 이데올로기의 일치

　러시아와 우크라이나 사례에서 알 수 있듯이 '인종', '언어', '종교' 이상으로 그 사회의 구조를 뿌리 깊이 규정하는 것은 '가족'이다.

　나는 40여 년 전에 가족 구조와 정치·경제 체제(이데올로기)는 일치한다, 좀 더 정확하게 말하면 근대 이후 각 사회의 이데올로기는 농촌 사회의 가족 구조를 통해 설명할 수 있다는 가설을 제기했다. 그것은 하나의 '발견'이 계기가 되었다.

　집 안 소파에 누워 있는데 마치 계시인 양 '외혼제 가족공동체 분포도'와 '공산권 지도'가 갑자기 겹쳐 보인 것이다.

　그 발견 후에 파리의 인류 박물관에 틀어박혀서 반년 동안 지구상의 가족 구조를 분류하고 이 직관이 맞는지 검증했다. 가설을 무효로 만드는 가족 구조가 언제 어디서든 제기될 수 있지만, 유럽 중심부에서 남부로, 아시아에서 라틴아메리카로 리서치 작업을 진행할수록 이 가설이 강력하게 기능하고 있음을 확신하게 됐다. 이를 바탕으로《제3의 행성》(이후《세계의 유년기》와 합본해《세계의 다양성》

으로 간행)을 집필했다.

공산주의 혁명은 프롤레타리아(노동자 계급)의 주도로 이루어졌다는 것이 일반적인 상식이지만 사실은 프롤레타리아 계급이 있는 선진 공업 국가에서는 일어나지 않았다. 모든 공산주의 혁명은 본격적으로 공업화하기 이전의 외혼제 가족공동체 지역에서 일어났다.

공산주의를 낳은 러시아의 가족 구조

앞에서 언급한 아나톨 르루아볼리외Anatole Leroy-Beaulieu의 《차르와 러시아 제국L'Empire des tsars et les Russes》은 러시아 혁명 이전의 러시아 농촌 사회를 이렇게 묘사했다.

> "아버지와 장로의 권위에 기반한 가부장제 대가족, 농촌 공동체 미르Mir를 근본으로 한 자치 조직이 공동체 생활, 즉 조합 조직에 적응하기 쉽도록 일찍이 러시아인을 육성했다. 과업이 주어지거나 특히 마을을 떠나면 즉시 무지크(농민)는 아르텔(자주적 협동조합)을 만든다. (생략) 공산주의적 경향이 강하며 연대를 실천하는 아르텔은 조합의 자연 발생적 형태, 러시아적 형태다. (생략) 아르텔은 대가족이나 작은 공동체와 같은 것으로, 평등주의적이다. 마을의 친밀한 관계나 가부장적 풍습을 공장에 적용한 것이다. (생략)
> 국가는 산업 활동도 가부장적으로 유지하려 한다. (생략) 무

지크든 경영자든 모든 계층의 러시아인은 법률에 경의를 보이지 않으나, 권위에는 경의를 표한다. (생략) 모든 권리가 위에서 내려오는 것에 익숙한 이 국가가 어느 날 국가사회주의의 모험적인 길을 걷기 시작해 유럽의 가장 민주적인 나라를 따라잡아 추월하더라도 놀라지 않을 것이다."

러시아의 농촌 사회를 이와 같이 관찰한 르루아볼리외는 러시아의 가족 구조가 공산주의와 친화성이 대단히 높다는 것, 이런 가족 구조는 적어도 우크라이나 중부(소러시아)와 다르다는 것을 통찰했다.

가족 구조의 차이에서 발생한
홀로도모르의 참극

　이런 인류학적 차이 때문에 스탈린은 대러시아(러시아)에서 농장 집단화를 어렵지 않게 실행했지만, 소러시아(우크라이나 중부)에서는 큰 반발에 부딪혔다. 이를 강행하는 과정에서 저항하는 수많은 농민 사상자가 발생하는 대참사까지 벌어졌다(1932년부터 1933년에 걸친 '홀로도모르'라고 불리는 인위적 대기근으로 수백만 명이 희생되었다).

　사람들이 농담으로 하는 말이기는 하지만 역사적으로 '형제 관계'에 있음에도 불구하고 러시아인은 우크라이나인을 '조금 덜떨어진 러시아인'으로 보는 경향이 있다.

　피라미드형 사회에 사는 러시아인 눈에는 그들이 '기분 내키는 대로 행동하고, 무정부주의자이고, 폴란드 사람처럼' 보이는 것이다. 결혼한 자식이 부모와 동거하는 외혼제 가족공동체인 러시아 사회는 지나친 개인주의에 대해 자연스럽게 저항감을 가진다.

　덧붙여서 제정 시대 러시아 귀족은 다른 자식을 희생해 장남을 우대하는 장자상속제도 거부했다.

볼셰비즘을 초기부터 수용한
라트비아의 가족 구조

외혼제 가족공동체와 공산주의의 일치는 러시아 밖에서도 확인할 수 있다.

예를 들면 외혼제 가족공동체인 발트삼국은 러시아 혁명에 적극적으로 가담해 1917년 10월 쿠데타에서도 라트비아 소총수가 결정적인 역할을 했다. 그렇기 때문에 레닌은 라트비아인을 전폭적으로 신뢰하게 되었으며, 공산당의 정치경찰 창설에 라트비아인 활동가가 적극적으로 관여했다.

이것은 선거 결과로도 나타난다.

1917년 러시아 전체에서 레닌이 이끄는 볼셰비키의 평균 득표율이 24%(상트페테르부르크에서는 51%, 모스크바에서는 56%)에 불과했으나 발트삼국에서 볼셰비키의 득표율은 에스토니아 40%, 리보니아(라트비아 북동부에서 에스토니아 남부 지역)에서는 71%에 이르렀다. 볼셰비즘에는 가족 구조에 깃든 공동체주의가 대단히 잘 반영되어 있다.

독재자를 옹호하는 벨라루스의 가족 구조

볼셰비즘을 배태한 '외혼제 가족공동체'는 게르만인의 '직계가족'과 몽골의 '부권제 조직'이 충돌해 발생한 것으로, 벨라루스(백러시아)와 현재의 러시아(대러시아)의 북서부 주변이 발상지라고 본다. '넓은 의미의 러시아' 중심부는 러시아(대러시아), 벨라루스(백러시아), 우크라이나(소러시아)로 구성되는데, 우크라이나(소러시아)가 핵가족 사회인 것과 달리 러시아(대러시아)와 벨라루스(백러시아)는 외혼제 가족공동체 사회다.

이런 가족 구조를 충실하게 반영하듯 벨라루스도 1917년 시점에 볼셰비즘이 활발하던 지역이다. 그뿐만이 아니다. 오늘날에는 권위주의 체제에 대한 집착이 러시아 이상으로 강하다.

벨라루스의 루카셴코 대통령은 유럽 최후의 독재자로 불리는데, 정작 벨라루스 국민은 루카셴코에게 특별한 불만은 없는 듯하다. 러시아에서 푸틴이 그렇듯이 루카셴코가 권력의 정점에 있는 것은 벨라루스 사회가 권위주의적인 지도자를 바라기 때문이다.

'근대화의 파도'는 항상 러시아에서 왔다

우크라이나는 역사적, 사회적으로 통합되지 않은 지역이며, 중요한 근대화 현상이 이곳에서 발생한 일이 없다.

16세기부터 20세기에 걸쳐 우크라이나의 '근대화의 파도'는 모두 러시아에서 왔다. 공산주의만이 아니라 공산주의 타도와 그 후 개혁의 파도도 모스크바에서 발생한 움직임이 우선은 러시아어로 우크라이나 각 지역에 전파되었다.

우크라이나는 러시아라는 '중심'에 대해 항상 '주변'으로서 보수적인 태도를 취해왔다. 1917년부터 1918년에는 '반볼셰비키적'이면서 '반유대주의적'인 태도를 취했고, 반대로 1990년 이후에는 '스탈린주의에 대한 집착'이 러시아보다 더 강하게 나타났다.

즉 우크라이나는 독자적인 추진력을 갖추지 못했다. 그렇기 때문에 독립성을 주장하기 위해, 그리고 러시아에서 벗어나기 위해 다른 세력의 지배 아래 들어갈 필요가 있었다. 이런 이유로 미국이나 유럽에 다가간 것이다.

서방 국가는 우크라이나가 단순히 지리적으로 '서쪽'에 자리하고 가톨릭에 가까운 우니아트 교회라는 종파가 존재하고 문화적으로도 서방에 가깝다는 친근감이 있었다.

　그러나 그런 이유 때문에 서방 국가는 1991년에 우크라이나가 독립하게 된 의미를 오판했다. 모스크바와 상트페테르부르크에서 진행되는 민주주의 혁명에서 우크라이나가 배제되었다는 사실을 이해하지 못한 것이다.

국가 건설에 성공한 러시아와
실패한 우크라이나

이런 차이가 소련 붕괴 후 러시아와 우크라이나의 운명을 가른다.

러시아는 1990년대에 위기의 시대를 맞지만 국가 재건에 성공했다. '국가에 의거한 질서'라는 전통이 있었기 때문이다. 국가가 완전하게 제어하는 군대 재건에도 성공했다.

그에 비해 우크라이나는 독립한 지 30여 년이 지났지만 제대로 기능하는 국가를 건설하지 못했다. 우크라이나에는 '국가'라는 전통이 없었기 때문이다. 군대도 미국과 영국의 지원 없이는 재조직할 수 없었다.

우크라이나가 국가 건설에 실패한 것에 관해서는 미국 이상으로 서유럽 국가에도 책임이 크다.

우크라이나를 비롯해 구소련은 가난했지만 소련 시절의 유산으로 교육 수준이 높아서 독일을 비롯해 서유럽 국가는 우크라이나에서 '값싼 양질의 노동력'을 빨아들인 것이다. 그 결과 우크라이나는 독립한 후 인구의 15%를 잃어서 5200만 명에서 4500만 명으로 크게 줄었다.

러시아 침공이 시작되기 전부터 '파탄 국가'로 불리는 상태였다. 게다가 고등교육을 받은 노동 인구가 대량으로 유출되었다. 국가 건설을 담당해야 할 우수한 젊은이가 더 나은 삶을 찾아 국외로 나가는 선택을 한 것이다. 현재 수많은 전쟁 난민이 발생하지만, 우크라이나의 인구 유출은 사실 전쟁 이전부터 발생했다(2022년 9월 유엔난민기구는 러시아 침공 이후 민간인 총 1308만여 명이 우크라이나 국경을 넘은 것으로 집계했다 - 옮긴이).

푸틴의 오산

필시 푸틴은 '모체 러시아'로 회귀시킴으로써 파탄 국가 상태인 소러시아(우크라이나)의 질서를 바로잡으려고 했겠지만 전혀 뜻대로 진행되지 않았다. 러시아가 강경하게 나올수록 우크라이나에 있는 내국인은 오히려 '반러시아'로 자신들의 아이덴티티를 형성하고 내셔널리스트인 동시에 허무주의자(자포자기)인 무력 투쟁파가 되어갔다.

반러시아 감정이 오히려 붕괴되어가던 우크라이나 사회에 새로운 이정표, 하나의 존재 양식이 되어버렸다. 이것이 푸틴의 최대 오산이다.

나아가 미국과 영국으로부터 '우크라이나군의 무장화'라는 제안을 받으며 러시아를 상대로 한 구체적인 군사 목표까지 부여받게 된 것이다.

현재 우크라이나인은 '국가를 위해 죽을 수 있다'는 태세인데 이 전쟁이 우크라이나인에게 '국가로서 살아가는 의미'를 발견하게 만들었다고 할 수 있다. 대단히 슬픈 일이다.

　이것은 완전히 새로운 형태의 역사적 변동이다. 정신적인 면과 사회적인 면에서 지금 일어나는 사태는 전쟁이 종식된 후에도 몇 십 년에 걸쳐 깊이 있게 분석해야 할 것이다. 러시아는 아조우 대대 등 제2차 세계대전 시절의 나치즘을 방불케 하는 우크라이나의 극우 군사 조직의 대두를 경계했지만, 푸틴이 네오나치라고 부르는 무장 세력 중에는 러시아어 사용자도 다수 가담한다. 이것은 러시아가 상상하지 못한 사태로, '러시아어권 사회 붕괴'의 한 단면이라 볼 수도 있다.

러시아는 이미 실질적으로 승리하고 있다

1914년 제1차 세계대전의 시작을 방불케 하는 바로 지금 '새로운 지도'가 그려지려 한다. 유럽에서 일어난 이번 세계대전에 관해서는 앞으로 100년 동안 몇천 권의 문헌이 나올 것이다.

러시아는 마리우폴 이후에는 하르키우(우크라이아 제2의 도시이자 군수산업의 핵심지다. 러시아가 침공 첫날 이곳에서 전투를 벌였다 - 옮긴이)도 제압하려 할지 모른다. 하르키우는 대학 도시로 러시아와 가까워 '러시아의 도시'라는 주장도 있기 때문이다. 오데사를 제압하면 우크라이나는 바다로 나가는 접근로를 잃는데 러시아가 그곳까지 손을 뻗칠지는 알 수 없다.

어차피 우크라이나의 모든 영토를 점령하기에 러시아군의 규모는 확실히 부족하다.

그러나 러시아가 빼앗은 토지는 현시점에도 이미 광범위하다. 흑해 연안부, 아조우 연안, 동부와 북부를 추가하면 우크라이나 영토의 20~25%를 획득한 것이 되기 때문이다. 게다가 산업이 이 지역에 집중되어 있어 우크라이나 산업 지역의 30~40%에 이른다.

서방측 미디어는 "러시아군이 우크라이나의 강한 저항을 만나 진군이 정체되고 물자 부족에 직면했다"고 보도했지만 이미 이 정도의 지역을 점거했는데 '러시아는 패배했다'고 하는 것은 곤란할 것이다. 과거 유럽에서 치른 전쟁과 비교하면 이번 러시아의 전과는 루이 14세나 프로이센의 프리드리히 2세의 그것보다 혁혁하다고 할 수 있기 때문이다.

다만 러시아가 이렇게 손에 넣은 러시아어권 지역을 이후 어떻게 제어할 것인가. 게릴라식 저항이 발생할지 알 수 없지만 반러시아 감정이 어느 정도 남은 것은 확실하다.

그러나 그 이상으로 문제가 될 것은 앞으로 반미 정서가 발생할지 여부다. 미국은 우크라이나를 배반하며 우크라이나를 '인간 방패' 삼아 러시아와 전쟁을 하고 있기 때문이다.

서유럽의 오산

이번 사태는 서유럽, 특히 독일과 프랑스에도 예상외의 일이었다.

실제로 전쟁이 발발한 것에 모두 놀랐지만 가장 당황한 것은 서유럽 사람들, 특히 독일인과 프랑스인이다. 영국은 침공을 사전에 알아차렸으나 독일과 프랑스는 '아직 교섭은 가능하다'고 마지막까지 믿었기 때문이다.

그런 점에서 독일과 프랑스는 영국보다 순진하다고 할 수 있지만 단순히 그런 이유 때문만은 아니다. 우크라이나의 NATO 가입이 러시아에 얼마나 '사활 문제'인지, 미국과 영국이 우크라이나군을 어느 정도 무장화했는지 충분히 인식하지 못했기 때문이다.

서유럽 사람들은 눈앞의 사태에 동요하고 있다. 설마 유럽에서 전쟁이 일어나리라고는 생각지 못했기 때문이다. 동유럽에서 서유럽으로 난민이 몰려드는 것도 상상하지 못한 사태였다.

전쟁이 시작될 때 나는 이렇게 생각했다. '우크라이나인이 진정 유럽인인지 아닌지 판가름 날 것이다. 우크라이나인이 유럽인이라면 무기를 가지고 싸우지 않을 것이다.' 현재의 유럽인은 어떤 의미에서 '포스트 역사' 시대를 살고 있으며 전쟁은 먼 과거의 일로 여기고 싶어 하기 때문이다.

그런 의미에서 실제로 참전한 우크라이나인은 러시아인이라고 할 수 있다. 이 전쟁이 폭력적인 면을 보이는 것은 '구소련권의 내전'이기 때문이다. 단, 이것은 미국과 영국의 지원으로 지속되는 내전인 것이다.

기만에 가득 찬 서유럽의 도덕적 태도

폭력적인 군사 공격에 대해 러시아를 규탄하는 유럽의 '도덕적 태도'는 자연스러운 반응이다. 그러나 유럽이 실제로 한 행동은 무책임하고 기만에 가득 차 있다.

예를 들어 "최후의 한 명이 러시아군에 의해 전사할 때까지 우크라이나에 계속 무기를 공급하겠다"는 말은 과연 '도덕적'일까? 러시아로부터 천연가스 공급로는 확보하면서 러시아에 대해 경제 제재를 하는 것도 '도덕적'이지는 않을 것이다. 러시아의 천연가스를 구입하는 유럽은 어떤 의미에서 러시아의 전쟁에 '출자'하는 것이기 때문이다(노르트스트림 1을 통해 러시아에서 유럽에 공급하는 가스 공급량은 유럽 전체의 1/3을 차지했다. 2022년 9월 2일 G7 재무장관이 모여 러시아산 원유와 석유 제품에 가격 상한제를 결의하자 러시아는 이 조치를 해제할 때까지 유럽으로 향하는 천연가스 공급을 전면 중단한다고 발표했다 - 옮긴이).

올리가르히에 대한 제재는 무의미

그리고 가장 우스꽝스러운 것은 푸틴과 가깝다고 알려진 올리가르히(신흥 재벌)를 압박하겠다고 그들의 대형 선박을 압수하기 위해 기를 쓰는 프랑스와 이탈리아의 모습이다.

이 상황은 서구 사회가 얼마나 금전에 대한 강박관념에 사로잡혀 있는지 보여주는 동시에 그들이 러시아의 시스템을 전혀 이해하지 못하고 있다는 사실까지 명백하게 드러냈다.

올리가르히라고 불리는 러시아의 대부호들은 정치권력을 행사하지 못하기 때문이다. 그들이 푸틴 정권에 붙어 있는지는 모르겠지만 정치권력은 갖고 있지 않다.

러시아는 국가가 모든 것을 컨트롤하는 중앙집권 국가다. 이것은 러시아 정치 체제의 두드러진 특징이다.

초부유층이 국가를 컨트롤하는 것은 오히려 미국, 독일, 프랑스다. 푸틴과 '그 추종자'에게 아무 소용 없는 제재를 가함으로써 본디 필요한 협상을 어렵게 만들고 전쟁을 한층 심각하게 만드는 것은 너무나 무책임하다.

러시아의 잔인함을 규탄하고 푸틴과 '그 추종자'를 전쟁 범죄자로 지목하는 일에서 알 수 있는 사실은 유럽인의 무력감이다. 이런 조치 외에는 아무것도 할 수 없기 때문에 러시아를 악으로 규정함으로써 서구의 각국 정부는 자국의 무력함과 비열함을 감추려 한다.

게다가 이런 반응이 전쟁을 더 심각하게 만들고 평화 유지를 곤란하게 만든다는 것도 인식하지 못한다.

러시아가 시작한 것은 명백하게 '전쟁'이다. '전쟁'이라는 것은 실로 추악하고 비열한 것이다. 이것이 전쟁의 더러운 속성이다.

만약 여러 이유로 전쟁을 시작한 국가의 지도자를 처벌하겠다면 가장 먼저 심판해야 할 사람은 조지 W. 부시George W. Bush가 아닌가. 정당한 이유도 없이 전쟁을 시작해, 러시아가 우크라이나에서 자행하는 것 이상으로 추악한 행위를 미국은 이라크에서 저질렀기 때문이다.

러시아 공포증

나는 이전부터 유럽에서의 '러시아 혐오(러시아 공포증)' 문제를 지적해왔다. 러시아 공포증이란 러시아의 문제라기보다 유럽의 문제가 아닐까. 다시 말해 점점 무의미해지는 유럽이라는 정치적·통화적 통합을 무리하게 유지하기 위해 러시아라는 외부의 적을 필요로 하는 것이 아닐까 하는 사실이다.

러시아 혐오는 전쟁이 시작된 후 한층 격화되었다. 러시아인이라는 이유만으로 '악'으로 취급당한다. 반유대주의가 연상될 정도다. 현재 프랑스에서는 러시아 청년들에게 은행 계좌 개설을 거부하는 일까지 발생한다.

자신감을 잃던 유럽이 러시아라는 외부의 적을 속죄양으로 만들어서 정신의 안정을 유지하던 차에 이번에 발발한 사태에 더 충격을 받아서 러시아 혐오는 한층 커져간다(이에 대해 스위스 출신 언론인 기 메탕 역시 《루소포비아》를 통해 위선적인 서구의 러시아 혐오를 비판했다. 루소포비아는 러시아와 포비아를 합친 용어. 서구는 러시아의 팽창주의가 갈등의 원인이라 하지만, 문제의 본질은 실제 사실에 부합하지 않는 말을 퍼뜨려 왜곡된 사태를 키우는 서구 언론에 있다고 꼬집었다 - 옮긴이).

유럽에서 러시아 혐오가 번지는 것은 사실 유럽에 손실밖에 되지 않지만, 미국에는 전략적 성과라고 할 수 있을 것이다. 러시아와 유럽의 관계를 분열시키는 것이 브레진스키 같은 미국 지정학자가 전제하는 '국익'에 부합하기 때문이다.

폭력의 연쇄

근래 나는 러시아를 연구하면서 러시아가 소련 붕괴 후의 혼란에서 회복해 사회적으로 안정을 찾아가는 모습을 관찰해왔다.

러시아의 회복은 매일의 정치 경제 뉴스나 GDP에만 온통 정신이 쏠린 서방측 미디어가 간과하는 부분인데 인구 동태에 명확하게 드러난다. 예를 들어 과거 내가 소련 붕괴를 예언할 때 근거로 삼은 '출생 1000명당 영유아 사망률'은 현재 러시아가 미국보다 낮아졌다(러시아 4.9명/미국 5.6명).

지금 내가 염려하는 것은 서방의 강경한 자세가 러시아를 더 폭력적으로 만든다는 '폭력의 연쇄' 작용이다. 전략적으로는 러시아 지도층에게 필요했을지 모를 이번 전쟁으로 인해 소련 시대의 폭력성이 러시아에 되살아나는 것이 아닐까 우려된다.

현재 영국이나 프랑스의 미디어에서는 러시아군이 우크라이나 시민을 공격하고 병원을 파괴하고 아이들을 살해하는 영상을 연일 내보내며 러시아라는 국가가 괴물인 것처럼 묘사한다.

그러나 여기서 행해지는 것은 바로 '전쟁 시의 정보전'이라는 점도 잊어서는 안 된다. 우리가 접하는 보도가 현실을 어느 정도 전달하는지 알 수 없다.

러시아에는 적어도 시리아에서 발생한 것과 같은 카오스 상태를 사전에 방지하기 위해 우크라이나 침공을 실행한 배경도 있는데, 서방 미디어의 규탄이 오히려 러시아에 잠재하는 폭력성을 한층 일깨우지 않을까 우려된다. 미국의 강력한 제재로 인해 중동에서는 비교적 진보적이고 민주적이던 이란의 체제가 오히려 억압적으로 변해버린 것처럼 의도적 공격이 오히려 그 나라의 나쁜 측면을 촉발시킬 수 있다. 그런 좋지 않은 연쇄 작용이 반드시 일어나기 때문이다.

소모전이 시작된다

이번에 발생한 사태에 처음에는 모든 사람이 놀라고 감정이 고조되었지만 시간이 지나면서 상황이 지속되면 냉정을 되찾기 시작할 것이다.

그다음에 무슨 일이 일어날 것인가? 그것을 예측하려면 무엇에 주목해야 할까? 여기서 나는 결론이 아니라 생각하기 위한 요소를 몇 가지 제시하고자 한다.

전선이 고착화되면 가장 먼저 예측할 수 있는 점은 소모전이라고 부르는 상태가 되는 것이다.

그리고 모든 자원을 투입해야 되는 소모전에서는 군사적인 면보다 경제적인 면이 중요해지거나, 군사적인 면도 경제적인 부분에 좌우된다. 이 시점에서 주목해야 할 것은 중국이 러시아를 어느 정도 지원할지 여부다.

중국은 러시아를 지원한다

　현재 중국은 공식 석상에서 외교적인 발언을 상당히 신중하게 하고 있다. 그러나 확실한 것은─이것은 〈환구시보〉를 읽으면 바로 알 수 있는데─정부만이 아니고 중국 국민도 압도적으로 러시아에 친근감을 갖고 있다는 사실이다.

　그렇기 때문에 바이든 대통령이 무기 공급이나 지원을 러시아에 하지 말라고 중국을 위협한 것은 너무나 어처구니가 없다. 미국은 바로 한 달 전까지만 해도 '중국이야말로 제일의 적'이라고 공공연히 말했기 때문이다.

　나의 사고는 인간이 기본적으로 현명하다는 전제에서 출발하는데 러시아를 지원하지 않는다고 결단을 내릴 정도로 중국 지도자들이 어리석다고 생각지 않는다. 러시아가 무너지면 어떤 형태로든 다음 목표가 되는 것은 바로 중국이기 때문이다.

　만약 우크라이나에서 미국의 군사행동이 성공을 거둔다면 미국은 북한에도, 대만이나 베트남에도 유사한 행동을 할 수 있다고 중국 지도자들은 생각할 것이다.

그렇기 때문에 중국은 공적인 자리에서는 러시아에 교섭을 요구하면서도 최종적으로는 러시아를 지원할 것으로 판단한다.

미국과 서방의 경제는 견딜 수 있을까?

우리는 현재 역사적으로 대단히 흥미로운 상황에 직면했다. 글로벌화해 경제적으로 상호 의존하는 세계에서 진영(블록)으로 분할된 대립이 발생하기 때문이다.

예를 들어 여러 서방 국가는 러시아의 대외 자산을 동결하고 있는데 이것은 명백한 소유권 부정이다. 즉 제재를 각국에 강요하는 것은 '외국 자산을 보상 없이 국유화해도 좋다'는 반자본주의적 사상을 퍼뜨리는 것이다. 이런 사실을 현재 미국이나 서방 국가는 얼마나 자각하고 있을까?

전쟁의 귀추를 놓고 '러시아의 침공에 우크라이나가 어느 정도 견딜 수 있을까?', '서구의 경제 제재에 러시아는 얼마나 견딜 수 있을까?' 하는 것만 논의하는데 사실은 '이렇게 글로벌화한 위기에 미국과 서방은 얼마나 견딜 수 있을까?'라는 질문을 우선적으로 해야 한다.

진정한 경제력은 GDP로 알 수 없다

1945년 시점에서 미국은 세계 공업 생산의 절반을 차지할 정도로 경제 대국(산업 대국)이었지만 지금은 그렇지 않다. 세계 GDP의 25% 정도를 차지하는 데 불과하며 이 수치조차 하나의 픽션에 지나지 않는다.

현재는 이른바 'GDP 지상주의' 시대지만 사실 GDP만으로는 진정한 경제력(생산력)을 파악하기 힘들다.

GDP는 부가가치의 합계로, 비교적 근래에 사용하게 된 지표다. 제2차 세계대전 후 경제가 부흥하는 가운데 다른 나라가 미국을 따라잡는 과정에서 빈번하게 사용하게 되었다.

물론 전후 일정 시기까지는 GDP도 '실제 생산력을 측정하는 지표'로 의미가 있었으나, 산업구조의 변화로 상품보다 서비스의 비율이 높아지면서 점차 현실을 측정하는 지표로서 현실감을 잃고 있다.

상품이라면 철의 양이든 자동차 대수든 수치를 부풀릴 여지가 적고, 사회에 존재하는 생산력(=현실)을 보다 충실하게 반영한다. 하지만 서비스 분야에서는 현실에서 괴리된 과대평가가 발생하게 된다.

예를 들어 미국에서는 재판이 많아서 기업 활동에도 법적 절차가 방대하게 많다. 따라서 변호사가 손에 쥐는 막대한 보수도 GDP에 포함된다. 이에 비해 상대적으로 일본은 소송도 변호사도 적다. 그만큼 일본의 GDP는 미국보다 적게 계상된다. 그렇다면 미국과 일본 중 어느 사회가 더 생산적일까?

우크라이나를 상대로 무역 적자였던 미국

미국은 이른바 '신기루 경제 대국'이다. 군사와 금융 면에서 세계적인 패권을 쥐고 있지만, 그것도 실물경제에서 세계 각지의 공급에 전면적으로 의존하고 있으며, 이런 상태를 무너뜨리지 않기 때문이다.

게다가 이것은 한 세대 전부터 변하지 않는 미국 경제의 형태다. 2002년에 집필한《제국의 몰락 : 미국 체제의 해체와 세계의 재편》에서 나는 이렇게 지적했다.

"미국이 얼마나 유라시아 중앙부에 구체적인 경제적 존재감이 없는지 측정할 수 있다. 이 지역에서 미국은 자국 생산의 빈약한 물질적 내용을 언어의 힘으로 메우기 힘들다. 특히 우크라이나 같은 개발도상국에는 더 그렇다. 군사 관련 수출과 다소의 컴퓨터를 제외하면 미국은 그다지 팔 물건이 없다. 우크라이나가 필요로 하는 생산재와 소비재를 수출하지 못하는 것이다. 금융자본의 경우는 미국이 반대로 빨아들이는 쪽으로, 일본과 유럽이 출자한 자금을 개발도상국에서 뺏어간다. 미국이 할 수 있는 것은 고작 국제통화기금과 세계은행의 정치적·이데올로기적 통제를 통해 자금 공급력의 환상을 여기저기 뿌려대는 것이다."

"미국은 우크라이나에서 수입하는 22% 정도밖에 수출로 보전하지 못한다. 이 과정의 추세도 무시할 수 없다. 미국이 우크라이나와 무역에서 적자를 낸 것은 1994년부터다. 1992년과 1993년에는 적게나마 흑자였다. 소비는 점점 더 분명해지고, 국제 시스템에서 미국 경제의 기본적인 특기 분야가 되고 있다. (생략) 미국은 전 세계 모든 곳에서 약탈자이긴 하지만, 구소련 지역에서도 다름없이 약탈자다."

요약하면 미국은 소련 붕괴 후 얼마 되지 않은 우크라이나를 상대로도 무역 적자가 날 정도로 생산력이 떨어지는 국가였다.

경제에서 가상과 현실의 싸움

현재 우크라이나 전쟁이 '글로벌화=세계 전쟁화'되고, 나아가 소모전이 되면서 발생하는 현상은 경제에 '가상'과 '현실'의 커다란 대립이다.

GAFA(구글, 아마존, 페이스북, 애플 – 옮긴이) 등을 만들어냈듯 미국이 기술적으로 역동적인 국가임은 분명하다. 그러나 동시에 중년 백인의 평균수명이 줄어드는 등 선진국에서는 상상할 수 없는 일이 일어난다. 캘리포니아에서 계획하는 고속철도(샌프란시스코에서 출발해 로스앤젤레스 카운티까지 약 500마일을 잇는 고속철도 계획. 1996년부터 구상했으나 환경 평가와 자금난 등으로 여전히 혼선을 빚고 있다. 미국 인프라 사업의 문제를 보여주는 대표적인 예시로 손꼽힌다 – 옮긴이)도 완성할 수 있을지 의문스러운 상황이다. 국내 산업 기반이 그 정도로 약체화되어 있다.

미국이 자랑하는 군사력도 최종적으로 이를 뒷받침하는 것은 '리얼한(현실의) 산업'이다. 미국이 이 분야에서도 장기적으로 우위를 유지할 수 있을지 의문이다.

경제에서 가상과 현실의 대립, 바꿔 말하면 미국과 중국·러시아의 대립은 과거 냉전과는 다른 역사적으로 새로운 사태다. 경제적인 내구력이 과제인 '소모전'이 글로벌 경제가 상호 의존하는 세계에서 발생하기 때문이다.

대러시아 제재로 유럽은 희생양이 된다

앞으로 특히 주목해야 할 것은 유럽인이 어떻게 행동하는가 하는 점이다.

지금 유럽인은 갑작스러운 사태에 놀라 감정의 파도에 휩쓸린 상태다. 하지만 그들도 점차 깨닫게 될 것이다. 대러시아 제재로 인해 막바지에 희생되는 것은 유럽인이라는 사실을. 유럽은 러시아와 경제적으로 상호 의존 관계에 있기 때문이다.

유럽과 러시아는 경제 협력을 크게 진척시켜야 한다. 이 부분이 미국과 유럽의 차이다. 미국과 러시아는 경제적인 결합이 거의 없다. 그에 비해 경제 제재로 인해 유럽과 러시아는 서로 상해하는 불상사만 낳을 뿐이다. 그 첫 번째 상징이 러시아와 독일을 연결하는 천연가스 해저 파이프라인 '노르트스트림 2'의 정지였다.

미국은 관련 기업에 대한 제재를 내비치면서 이 파이프라인의 개통─독일과 러시아의 접근─을 러시아 침공 이전부터 계속 경계해왔다. 이 부분에서 미국의 의도가 적나라하게 엿보인다.

미국의 전략 목표에
이중으로 들어맞은 우크라이나

냉전 종식 후 미국은 러시아 문제에 두 가지 전략 목표가 있었다.

첫 번째는 러시아의 해체다.

두 번째는 냉전에서 이어진 대립 구조를 가급적 오래 지속해 미국과 러시아의 긴장을 어느 정도 유지함으로써 유럽과 러시아의 접근―즉 유라시아 서부의 재통일―을 저지하는 것이다.

바로 이 두 가지 전략 목표를 동시에 달성하기 위해 선택한 것이 '우크라이나'였다고 할 수 있다.

이것은 앞서 언급한 브레진스키의 책을 읽으면 일목요연하다. 나 역시 2002년 시점에 다음과 같이 지적했다.

"브레진스키의 계획은 간결하고 명료하다. (생략) 우크라이나를 서방측에 합병하고 우즈베키스탄을 이용해 중앙아시아를 러시아의 영향권에서 이탈시켜서 러시아를 저지하고 러시아 핵심부의 해체를 야기하는 것."(《제국의 몰락 : 미국 체제의 해체

공산주의권이 붕괴된 후에 브레진스키가 주목한 것은 미국에서 멀리 떨어진 '유라시아 재통일'의 움직임이었다.

그러나 그 뒤에는 브레진스키가 명료하게 밝히지 않은 숨겨진 미국의 동기가 있다. 미국의 경제(소비)를 유지하기 위해서는 세계의 부에 대한 통제력을 정치적·군사적으로 확보해야 한다는 필요성이다.

그렇기 때문에 미국은 유라시아 대륙에 줄곧 전략적인 관심이 있었다. 세계 인구와 경제활동의 주요 부분이 유라시아에 존재하고, 미국 국민의 생활수준을 유지하기 위한 필수적인 상품과 돈이 유라시아에서 유입되는 구조였기 때문이다.

즉 유럽과 러시아의 접근, 일본과 러시아의 접근 — 유라시아의 재통일 — 은 미국의 전략적 이익에 반하는 것이다. 따라서 평화적 관계가 구축되어버리면 미국의 필요성이 감소하기 때문이다. 미군의 존재감을 유지하기 위해, 다시 말해 유라시아에서 미군이 필요한 상황을 억지로라도 유지하기 위해 미국은 유라시아에 군사적·전략적 긴장이 지속될 필요가 있었다. '세계의 안정에 미국이 필요하다'는 레토릭이 진정으로 이야기하고자 하는 바는 '세계의 불안정이 미국에는 반드시 필요하다'는 것이다.

NATO와 미일 안보 조약의 숨은 목적

극단적일 수 있지만, NATO나 미일 안보 조약은 독일이나 일본 이라는 동맹국을 지키기 위한 것이 아니다. 미국의 지배력을 유지하고, 특히 독일과 일본이라는 중요한 '보호령'을 유지하기 위함이다. 미국이 반러시아 입장을 고수하는 동기의 많은 부분이 독일과 일본을 러시아에서 떨어뜨려 미국 쪽에 붙잡아놓는 것이다.

그렇기 때문에 이번 전쟁의 초기 단계에서 나는 '이 전쟁은 미국 전략가들의 성공 사례 가운데 하나가 되지 않을까?' 하고 생각했다. 노르트스트림 2가 끊기고 유럽에서 '러시아 혐오' 풍조가 격화되었기 때문이다.

그러나 그 후에 미국의 외교가 흔들리는 모습이 전해졌다. 지금까지 적대시해오던 베네수엘라, 이란과 같은 산유국과의 관계를 서둘러서 개선하기 위해 움직인 것이다. 이것은 사태가 그들의 예상에서 벗어났음을 의미한다.

현실과 괴리된 젤렌스키의 연설

전선이 안정되고 사태가 수습 단계에 들어서면 유럽의 여러 나라는 쓸모없는 희생을 치르고 있다는 사실을 자각하게 될 것이다. 특히 러시아에 대한 독일의 태도가 변할 것이다.

그리고 유럽인은 이 전쟁에서 두 가지 교훈을 얻을 것이다.

일반적으로 무정부 상태의 국가에서는 군이 국가의 주도권을 쥐고 있다. 그렇기 때문에 우크라이나의 젤렌스키 대통령이 현시점에서 어느 정도 권력을 잡고 있는지 확실하지 않다. 우크라이나군을 완전하게 장악했는지 여부도 불확실하다.

그러나 젤렌스키 대통령이 수많은 연설에서 반복해서 요구하는 내용은 분명하다. 유럽을 전선에 끌어들이는 것이다. '우크라이나 다음으로 러시아가 노리는 곳은 당신들의 나라다'라며 유럽 여러 나라를 전쟁에 끌어들이기 위해 필사적이다.

그러나 실제 전황이 보여주는 것은 젤렌스키의 주장과는 정반대의 사태다.

러시아군은 전쟁 초기 단계에 우크라이나 영토의 약 20%를 장악했지만 키이우 공략은 완전한 실패로 끝났다. 이것을 두고 '러시아군은 생각보다 약했다', '러시아의 군사적 실패'라는 분석이 나왔다.

만약 이 분석이 맞다면 러시아는 유럽에 군사적 위협이 되지 못한다는 것을 의미한다. 그와 동시에 (러시아의 위협에 대한)유럽의 재군비화도 그렇게까지 필요하지 않다는 뜻이 된다. 이 점은 앞으로 한층 확실해질 것이다.

나는 애당초 러시아가 우크라이나 외의 영토에 대한 침공을 생각하지는 않는다고 본다. 이미 인구 규모에서 볼 때 너무 넓은 영토를 안고 있어서 이를 보전하기도 벅차기 때문이다.

에스토니아와 라트비아라는 예외

하지만 꼭 짚고 넘어가야 할 예외적인 국가가 두 곳 있다. 에스토니아와 라트비아다. 이곳에는 러시아계 주민이 살고 있고, 러시아계 주민이 '이류 국민' 취급을 받는 측면이 있기 때문이다.

이 두 나라는 러시아의 상트페테르부르크에서 가까운 곳에 있다. 참고로 앞에서도 언급했듯 라트비아는 아이러니하게도 1917년 선거에서 러시아 내에서 볼셰비키에 대한 투표율이 가장 높은 지역이기도 했다.

여하튼 감정의 파도가 가라앉는 시점에서 미국과 유럽의 근본적인 이해 차이가 드러날 것이다.

이때 주목해야 할 것은 독일의 움직임이다. 독일이야말로 러시아와 대표적인 경제 파트너이고 프랑스는 이차적인 파트너에 지나지 않기 때문이다.

이 세계대전의 종식을 위해 독일은 중요한 역할을 담당하게 될 것이다.

예측 가능한 국가와 예측 불가능한 국가

그러면 앞으로 각국은 어떻게 움직일 것인가?

행보가 예측 가능한 국가와 예측 불가능한 국가가 있다.

서방 미디어에서는 연일 '푸틴은 미쳤다', '왜 러시아가 우크라이나를 공격했는지 이해할 수 없다'고 성토하지만 러시아는 일정 부분 전략적 합리성을 바탕으로 행동한다.

이 부분에 관해 나는 다시금 미어샤이머의 의견에 동의한다. 러시아는 이번에 방위 전략을 가차 없는 형태로 실행한 것이다. 러시아의 행동은 '합리적'이고 '폭력적'이라고 표현할 수 있다. 즉 예측하기 쉽다.

유럽의 행동도 비겁하기는 해도 어느 정도 예측 가능하다.

러시아와 마찬가지로 '합리적'이고 '폭력적'인 중국의 행동도 어느 정도 예측 가능할 것이다.

이어서 '합리적'인지 어떤지 불확실한 국가가 있다. 이 국가의 행동이야말로 아주 큰 리스크를 내포하고 있다.

예측 불가능한 국가는 우선 우크라이나다. 좀 더 정확하게 말하면 우크라이나 국민이라기보다는 우크라이나 정부의 지도층이다.

그들은 미국과 영국에 등을 떠밀려서 크림반도에 대한 급수를 중단하려고 했고, 드론을 입수해 크림반도와 돈바스 지방을 러시아로부터 탈환하기 위해 노리는데 군사력이나 인구 규모로 봐서 비합리적이고 무모한 시도라고 할 수 있다. 애초에 이 나라는 군이 나서는지 대통령이 이끄는지 불분명한 부분이 있다.

폴란드의 움직임에 주의하라

비합리적 행동으로 지정학적 리스크가 될 우려가 있는 또 하나의 국가는 폴란드다.

러시아를 상대로 무모한 전쟁을 반복하다 내리 패배해 국가가 붕괴된 뒤 프로이센 왕국, 러시아 제국, 오스트리아로 분열된 역사가 있는 국가다.

폴란드, 루마니아, 우크라이나와 같은 발트해에서 흑해에 이르는 지역은 핵가족 사회로 18세기 이후 '국가'가 제대로 기능하지 못했다.

과거에 유대인의 대량 학살도 발생해 지정학적 리스크를 안은 지역이다. 외교적으로 주시할 필요가 있고, 폴란드와 우크라이나가 협력하는 움직임이 보인다면 '위험 경고'로 간주해야 할 것이다.

푸틴의 핵 발언도 내 생각으로는 '더 이상 움직이지 마!'라는 폴란드를 향한 메시지였다. 푸틴이 발언한 후에 폴란드는 우크라이나에 대한 전투기 직접 제공을 철회했다.

이때 폴란드는 합리적으로 행동한 것이지만 잠재하는 반러시아 감정이 언제 다시 폭발할지는 알 수 없다.

가장 예측 불가능한 미국

그러나 그 이상으로 예측 불가능하고 막대한 리스크가 될 수 있는 것이 미국의 행동이다. 푸틴을 중심으로 하는 러시아와 대조적으로 중추가 없기 때문이다. 미국의 머릿속은 잡다한 것이 가득 찬 '포토푀(고기, 채소 등 각종 재료를 푹 고아 만드는 스튜 - 옮긴이)'와 같다.

'러시아 체제 전환' 등의 무책임하고 예측 불가능한 실언을 반복하는 바이든 대통령은 무슨 생각을 하는지 파악하기 어렵다.

트럼프조차도 대통령의 지위에 있었음에도 불구하고 자신이 생각하던 대러시아 우호 외교를 전개하지 못했다. 미국에서는 대체 누가 권력을 잡고 있는지 알 수 없다.

미국에는 사상적으로도 미어샤이머 같은 냉정한 현실주의자가 있는 한편, 국무부 정무차관 빅토리아 뉼런드Victoria Nuland ― 조부는 러시아에서 이민 간 우크라이나계 유대인―같은 반트럼프 진영이면서도 완고한 러시아 혐오의 네오콘(Neo-Conservatives의 준말. 신앙에 근거해 미국 우월주의를 내세우는 신보수주의자 세력 - 옮긴이)도 있어서 파멸적인 대외 강경책을 후원한다. 뉼런드는 우크라이나 정세 담당관으로 2014년 '쿠데타'에도 깊이 관여했다는 지적을 받는다.

원래 미국에서 반러시아 동향은 바이든 정권 이전부터 있었지만, 최근에 와서 공격적인 반러시아, 반푸틴의 핵이 한층 가시화되고 있다. 그들은 러시아의 체제, 푸틴 체제의 파멸을 기도한다.

네오콘 일가 케이건 일족

네오콘은 부시 시절엔 공화당 쪽에 있었지만 반트럼프 진영에 서면서 힐러리 클린턴Hillary Clinton과 민주당으로 돌아섰다.

정무차관 뉼런드의 남편은 네오콘의 대표 논객인 로버트 케이건 Robert Kagan이다. 그는 이라크 전쟁을 지지하고 '세계 민주주의의 향방은 모두 미군에 달려 있다'는 망상을 가진 인물이다.

로버트 케이건의 동생은 군사 전문가 프레더릭 케이건Frederick Kagan이다. 프레더릭 케이건의 부인은 전쟁연구소 소장인 킴벌리 케이건Kimberly Kagan으로 케이건 일족은 그야말로 네오콘 일가이다.

서방측 미디어는 연일 전쟁연구소가 작성한 러시아 침공 도면을 보도하는데, 이 연구소가 반러시아·친우크라이나의 입장에 서 있는 것은 명확해서 이 내용을 여과 없이 받아들여도 좋을지 의문이 남는다.

그리고 로버트 케이건과 프레더릭 케이건 형제의 아버지는 도널드 케이건Donald Kagan으로 그리스 고대사의 대가다. 군사 전문가이기도 한 그는 케이건 일가를 네오콘으로 만들었다.

아버지 도널드 케이건과 두 아들을 보면서 미국의 반러시아 성향의 네오콘 중심부에 아이러니하게도 권위적인 부친과 자식이라는 러시아적 가족 구조가 엿보이는 듯해 기묘한 느낌에 사로잡힌다.

어떻든 현재 미국 지정학의 근간을 이루는 세계에는 긴장과 혼란, 불확실성이 보인다. 한쪽에는 합리적이고 현실주의적 경향이 있고, 다른 한쪽에는 직접적 행동주의에 과격한 네오콘의 경향이 있어서 최종적으로 어느 쪽이 주도권을 쥐게 될지 알 수 없다. 그렇기 때문에 폭력적이기는 해도 러시아가 원하는 바는 명확한 한편, 미국의 생각은 좀처럼 가늠하기 힘들다.

이번 전쟁이 '세계 전쟁화'되어서 미국에도 점차 사활 문제가 되는 가운데 미국의 지배층이 이런 불확실성을 안고 있는 것은 세계의 안정에 큰 위험 요소가 아닐 수 없다.

전 세계를 전쟁터로 만드는 미국

아프가니스탄, 이라크, 시리아, 우크라이나…. 미국은 항상 전쟁이나 군사 개입을 반복해왔다. 이렇게 된 것은 전쟁으로 잘못을 저질러도 위협이 되는 주변 국가가 없고, 세계 제일의 군사 대국이기도 해서 침략당할 리스크가 없기 때문이다. 어떤 실패를 하든 살아남는 것이다. 그렇기 때문에 사고를 반복한다.

공산주의가 붕괴되고 나서 미국은 세계 여러 곳에서 전쟁 상태를 유지해왔다. 자국과 관련된 지역을 모두 전쟁터로 만들어버린 것이다. 중동의 각 지역에 전쟁을 일으키고, 이번에는 러시아까지 전쟁을 일으키도록 유도하고, 유럽에까지 전쟁을 초래한 것이다. 동아시아에 전쟁을 유발할 가능성도 충분히 있다.

'전쟁'은 이미 미국의 문화와 비즈니스의 일부라고 할 수 있다.

미국은 '세계를 전쟁으로 유도하는 교육'을 세계 각지에서 진행하는 듯하다. 그렇기 때문에 미국에 의한 '전쟁 교육'을 전 세계가 받아들일지 여부를 고민해야 한다.

2장

우크라이나 전쟁의

인류학

2022년 4월 20일 수록, 그 후 일부 가필

제2차 세계대전보다
제1차 세계대전과 닮았다

우리는 이미 세계대전에 돌입해버리고 말았다. 그리고 전쟁의 역사가 그러하듯 아무도 예측하지 못한 사태가 지금 일어나고 있다.

얼마 전 독일의 정·재계인이 읽는 가장 영향력 있는 일간지 〈프랑크푸르터 알게마이네 차이퉁〉은 "이 전쟁은 1914년과 1939년 중 어느 전쟁과 비교할 수 있을까?"라는 제목의 기사를 게재했다. 말하자면 이 전쟁을 '제1차 세계대전'과 '제2차 세계대전' 중 어느 쪽의 아날로지analogy로 보는 것이 적절한지를 묻는 내용으로, 나는 제1차 세계대전과 가깝다고 생각한다.

러시아가 우크라이나 침공을 시작했을 때 필시 많은 사람은 제2차 세계대전의 전격전 같은 전쟁을 상상했을 것이다. 그러나 실제는 전쟁의 진행이 더뎌서 오히려 제1차 세계대전과 비슷해지고 있다.

물론 제1차 세계대전 당시에도 사람들은 단기 결전으로 끝날 것이라 생각했다. 하지만 실제는 누구도 상상하지 못한 방향으로 전개됐다.

　예상을 뒤엎고 프랑스군이 독일군의 공격을 저지하면서(마른 전투를 기점으로 전쟁의 양상이 완전히 바뀌었다. 이때부터 길고 지루한 참호전에 들어갔다 ─ 옮긴이) 독일군은 북해 방면으로 진행해 4년에 걸친 '장기전'이 시작된 것이다.

　제1차 세계대전은 적어도 서부 전선에서는 확실한 군사적 승리로 전쟁이 종결된 것이 아니었다. 연합군인 영국, 특히 프랑스가 식량 기지를 공격해 피폐해진 독일이 정신적으로 붕괴돼 제1차 세계대전이 마침내 끝난 것이다.

　그러면 지금은 무슨 일이 일어나는 것일까? 군사적 측면과 경제적 측면에서 분석해볼 수 있다.

군사 면에서 예상외 사태

우리는 우선 군사적인 면에서 놀랐다.

사람들은 2014년의 크림반도 제압이나 친러파가 주도해 일부 돈바스 지방을 장악할 때처럼 러시아군이 우크라이나군을 순식간에 제압할 거라고 생각했다. 하지만 얼마 지나지 않아 러시아군이 그렇게 강력하지도, 유능하지도 않다는 것이 드러났다. 미국과 영국의 지원으로 증강해온 우크라이나군도 누구도 예상하지 못한 끈질긴 저항을 보여주었다.

우리가 예상한 것과는 전혀 다른 사태를 목격했다. 그런 만큼 앞으로 어떻게 될지 아무도 알 수 없다. 요충지인 돈바스 지방에서 공방이 어떻게 진행될지도 매우 전망하기 어렵다. 러시아군의 군사 작전이 원활하게 진행되지는 않고 아마 장기전이 될 것이다.

반대로 말하면 우크라이나에서 러시아군의 무력함은 러시아가 서유럽에 아무런 위협도 되지 않는다는 것을 보여주는 셈이다. 러시아가 우크라이나를 정복하지 못한다면 폴란드나 독일을 정복할 수 있을 리가 없다.

자국 국경에 대한 러시아의 우려만 이해해준다면 러시아는 국제
사회에 위협은 아닌 것이다.

경제 면에서 예상외 사태

경제 면에서도 사람들의 예상은 빗나갔다.

러시아는 경제적으로 약체화된 가난한 나라이므로 유럽이 가한 경제 제재를 견디기 못할 것이라고 예상했다.

하지만 침공 후 한 달여가 지난 후 드러난 것은 '러시아 경제의 내구력'이다. 러시아 통화인 루블의 가치는 한때 폭락했지만 현재는 거의 통상적인 수준까지 회복했다. 또한 전쟁 발발 당시에 러시아에서 도망간 많은 러시아인도 다시 귀국했다.

다양한 정보를 취합해보면 러시아인도 전쟁에 적응하기 시작한 것으로 보인다.

미국과 유럽은 경제 제재로 푸틴의 지지율이 내려가길 기대했다. 하지만 뜻대로 되지 않았다. 군사적으로 어려운 상황에 애국주의—이는 매우 흔한 일이다—가 싹트면서 오히려 푸틴의 지지율은 상승해 거의 80%에 이르렀다.

요컨대 우리가 직면하는 것은 군사적으로나 경제적으로 의외의 '비교적 안정된' 상황으로, 이 '세계대전'이 장기화될 것을 시사한다.

그런 의미에서도 이번 전쟁은 제1차 세계대전을 연상시킨다. 나아가 본질적으로는 이데올로기나 사상을 둘러싼 대립이 아니라는 점에서도 제2차 세계대전보다 제1차 세계대전에 더 가깝다고 할 수 있다.

정확한 미어샤이머의 지적

1장(2022년 3월 23일의 인터뷰를 기초로 한 내용)에서 나는 미국의 전략적 현실주의자인 정치학자 미어샤이머의 견해를 언급하고, 그의 주장에 대부분 동의하면서도 비판을 함께 제기했다.

그로부터 한 달 가까이 경과한 시점에 그간의 추이를 살펴보면 앞서 말한 것들이 여전히 유효한 듯하다.

내가 동의한 미어샤이머의 첫 번째 견해는 "지금 일어나는 전쟁의 원인과 책임은 미국과 NATO에 있다"는 것으로, 즉 우크라이나가 '사실상de facto' NATO 가입국이 되어가므로 러시아는 강력해지는 우크라이나군을 더 늦기 전에 파괴하기 위한 결단을 했다는 지적이다.

내가 동의한 두 번째 견해는 "우크라이나 측의 군사적 성공과 러시아가 빠져 있는 어려운 상황을 우리 서방측 사람들은 손 놓고 마냥 기뻐할 수는 없다"는 것이다. 나아가 미어샤이머는 "이 문제는 러시아에 '생존이 걸린 사활 문제'인 이상 러시아는 어려운 상황에 빠질수록 한층 공격적이고 폭력적이 될 것이다"라고 예측했다.

현 상황을 살펴보면 모든 사태가 그가 예측한 대로 진행되고 있다. 전투는 점점 무자비해지고 러시아는 이 전쟁에 더 깊이 빠져들고 있기 때문이다.

미어샤이머에 대한 반론

그러나 나는 미어샤이머의 주장에 한 가지 반론을 제기했다.

그는 "러시아는 미국이나 NATO보다 결연한 태도로 이 전쟁에 임하기 때문에 어떤 희생을 치르더라도 러시아가 승리할 것이다"라고 예측했다. 이 문제가 러시아엔 사활 문제인 반면 미국에는 '지리적으로 멀리 떨어진 문제', '우선순위가 낮은 문제'라 사활을 걸지는 않기 때문이라고 설명했다.

그러나 나는 그렇지 않다고 생각한다. 미국이 러시아의 승리를 저지하지 못한다면 위신에 상처를 입어 미국이 주도하는 국제 질서가 흔들릴 가능성이 있기 때문이다. 그러므로 이 문제는 미국에도 '사활 문제'가 될 것이라고 생각한다.

전쟁 발발 이후 추이를 보면 미어샤이머가 한 대부분의 지적뿐 아니라 그에 대한 나의 비판 역시 유효하다는 것이 증명되었다.

미국은 전쟁에 한층 깊이 가담한다

지금 미국이 러시아의 군사적 실패를 기뻐하는 것은 분명하다.

러시아에 대한 경제 제재로 유럽 경제, 특히 독일 경제가 마비되어가는 것에 대해서도 은밀하게 만족스러워할 것이다.

그러나 한편으론 중국의 지원을 받은 '러시아의 경제적 저항'으로 미국 주도의 국제 질서가 궁지에 몰리는 것을 그 이상으로 두려워하지는 않을까?

러시아는 중국의 지원을 받으면서 제재를 견디고 있다.

앞으로 중국은 러시아를 한층 더 지원하게 될 것이다. 러시아가 무너지면 다음은 중국 단독으로 미국에 대항해야 한다는 사실을 잘 알기 때문이다. 즉 중국에 전략상의 다른 선택지가 없다.

최근 들어 중국은 러시아와 전략적 연대를 재확인하기에 이르렀다. 이 같은 '중러 진영'에 맞서는 '서양 진영'을 견고하게 구축하기 위해 미국은 아주 필사적이다. 러시아가 이 전쟁에서 살아남는 것 자체가 세계의 경제적 지배력을 미국이 잃게 되는 것을 의미하기 때문이다.

　서양 각국의 러시아에 관한 논조는 현실과 동떨어지고 합리성이 결여되어 있다. 이것은 본질적으로 기축통화인 달러를 전제로 한 언설로서 '달러야말로 세계의 진실이고 달러 밖에 위치한 국가는 세계에서 고립된다'는 인식이다.

　미국이 전쟁을 하는 진짜 목적은 미국의 통화와 재정을 세계의 중심에 계속 두는 것이다. 그렇기 때문에 조기 정전을 목표로 하는 것이 아니라 이 전쟁에 깊숙이 들어가고 있으며, 한층 긴밀하게 관여할 각오다.

시대에 뒤처진 전차와 항공모함

이 전쟁에서 얻을 수 있는 교훈은 그 외에도 있다.

첫 번째는 군사 기술에 관한 것으로 역설적인 교훈도 포함된다.

우크라이나군의 완전하지는 않지만 일정 정도의 성공을 통해 '전차는 시대에 뒤처진 병기'라는 문제가 드러났다. 미국이 우크라이나에 제공한 재블린 등의 휴대용 대전차 미사일로 인해 전차의 약점이 백일하에 노출되었다.

이 사실은 러시아처럼 육지에서의 전투에 뛰어난 '랜드 파워(대륙 세력)'에는 심각한 문제다. 아마 이후 러시아에 큰 고민거리가 될 것이다.

그러나 더 넓은 시야로 보면 미국도 그리 편안하지만은 않아 보인다.

미국은 하늘과 바다에서의 전투에 앞서 있는 '시 파워(해양 세력)'인데 그런 미군의 중심에 있는 것이 항공모함이다. 그러나 오늘날 초음속 미사일 — 이 분야에서 러시아가 미국을 앞선다 — 의 존재로 인해 항공모함의 약점 또한 명백하게 드러났다.

즉 러시아가 '전차라는 시대에 뒤처진 병기'를 가진 한편으로 미국은 '항공모함이라는 시대에 뒤처진 병기'를 가진 것이다.

러시아 흑해 함대의 기함 모스크바호가 침몰된 것처럼 이 전쟁에서는 육중한 공격용 병기가 가벼운 방어용 병기에 놀라울 정도로 취약하다는 문제점이 드러났다. 이는 러시아군의 곤경을 의미하는 동시에 잠재적으로 미국 펜타곤에도 중요한 과제가 될 것이다. 물론 미국은 항공모함의 효용성이 떨어지는 문제를 어느 정도 인식했을 것이고, 러시아도 전차의 한계를 알았겠지만 그것을 전장에서 재확인한 것이다.

미국 항공모함의 취약성은 대만 문제와도 직결된다. 중국이 대만을 무력 침공할 경우 미국은 대만을 지킬 수 있을 것인가? 미국의 항공모함이 군사 기술로서 이미 쇠퇴하는 추세인 이상 나는 '미국은 대만을 지키지 않는다/지키지 못한다'고 생각한다.

미국 전략가의 꿈 실현

두 번째는 외교 면에서 얻은 교훈이다.

미어샤이머는 러시아의 침공 이전부터 "우크라이나가 '사실상' NATO 가입국이었다"고 지적했는데, 전쟁 상황에서 예상한 것 이상으로 상당 부분 사실로 드러났다. 이 전쟁에서 맨 처음 놀란 것은 2014년 이후 우크라이나군이 미국과 영국에 의해 대단히 증강되었다는 사실이다. 미국의 첩보 활동이나 위성 시스템의 지원을 받으면서 싸우는 모습을 지켜보면 '우크라이나군은 이미 미군의 일부'라는 생각마저 들었다. 우크라이나군은 미국의 뛰어난 군사 기술에 더해 미군 병사에게 부족한 '용맹함'까지 겸비했다.

미국은 냉전 종결 후에도 항상 전쟁을 해왔지만 상대는 모두 약소국이었다. 강한 적을 상대로 직접 싸운 경험은 없었다. 그런 의미에서 미국의 뛰어난 군사 기술의 지원을 받으면서 죽음도 불사하고 강한 상대에 맞서는 용감한 우크라이나군은 미국 전략가들의 꿈을 실현한 것이라고 할 수 있다.

폴란드의 존재감

우크라이나 측에서 싸우는 외국인 병사의 대부분이 폴란드인과 라트비아인이라는 사실이 밝혀졌다.

앞에서 나는 '지정학적 리스크를 안은 폴란드의 움직임에 주의해야 한다'는 취지로 언급을 했는데, 이 지적은 내가 생각한 것 이상으로 타당한 듯하다. 그 정도로 폴란드는 이 문제에 깊이 개입하고 있다.

여기서 미어샤이머의 논의를 한 단계 더 발전시키려고 한다. 즉 단순하게 "우크라이나는 '사실상' NATO의 가입국이었다"고 지적하는 것은 틀리지 않지만 그것으론 충분하지 않다.

예를 들어 반러시아의 입장이 선명한 스웨덴도 "이미 '사실상'의 NATO 가입국이었다"고 할 수 있을지 모른다.

한편 우리의 생각과 달리 정식 NATO 가입국임에도 사실은 이차적인 입장일 뿐 우크라이나에서 일어나는 사태를 제대로 파악하지 못하는 국가도 있다. 독일과 프랑스다.

'진정한 NATO'에
독일과 프랑스는 없다

러시아 침공 전에 미국과 영국은 이를 예고했다. 그러나 독일과 프랑스는 '러시아와 외교적 해법이 아직 가능하다'고 낙관적으로 주장했다.

이 사태로 '독일과 프랑스 정보기관의 능력이 처참했다'는 해석이 나왔고, 실제로 프랑스 군사정보국(DRM)을 이끌고 있는 책임자 에리크 비도Éric Vidaud 장군이 해임되었다(내부 보고서에 '현안에 대한 숙지 부족', '부적절한 브리핑' 등의 평가를 내렸는데 러시아의 침공을 예측하지 못한 것이 주원인이라는 설이 지배적이다 – 옮긴이). 그러나 진실은 그곳에 있지 않다.

미국도 영국도 우크라이나에서 일어나는 일을 파악하고 있었다. 우크라이나군을 컨트롤하는 것은 미국과 영국으로, 러시아에 위협이 될 정도로 증강한다는 사실도 인식하고 있었다. 그렇기 때문에 그들은 러시아 측의 반응도 쉽게 예측할 수 있었다. 그러나 독일과 프랑스는 우크라이나가 전쟁을 위해 그렇게까지 준비를 진행한다는 사실을 파악하지 못했다.

이것은 NATO에 '사실상'의 중요도는 NATO 정식 가입 여부와 관계없음을 의미한다.

군사적 의미에서 '진정한 NATO'는 미국, 영국, 폴란드, 우크라이나와 함께 스웨덴으로 이루어져 있을 것이다. 거기에 독일과 프랑스는 포함되지 않는다. 그리 강력하지 않은 독일군은 우크라이나 위기와 관련된 군사동맹의 멤버로는 사실상 소외되었다. 프랑스는 일정 정도 군사력을 유지하지만 사태를 파악하지 못했다.

이 두 국가는 이른바 '인질'로 잡힌 상태와 비슷하다고 할 수 있다. '진정한 NATO'의 멤버가 아니면서 자율적이고 자유로운 행동도 허용되지 않는다.

실제로 전투가 시작되면서 지금까지 겉으로 드러나지 않은 이런 외교적 구조가 가시화되었다.

우크라이나의 분할

이 전쟁이 군사 면에서도 장기화될 가능성이 높은 것은 미국이 허용할 수 있는 전쟁 상황이 아니기 때문이다.

러시아군의 실패는 확실히 놀랄 만한 일이다. 키이우 제압 실패도, 흑해 함대의 기함인 모스크바호의 침몰도 뼈아픈 실태이다.

하지만 만약 전쟁이 현시점에서 종결된다면 러시아는 헤르손주에서 돈바스 지방에 이르는 광활한 영토를 이미 점령한 것이 된다. 크림반도의 물 공급원을 확보하는 데도 성공했고, 아조우해Sea of Azov도 '러시아의 호수'처럼 되었다. 아조우 대대의 대부분을 파괴하는 것—푸틴이 말하는 이른바 비나치화—도 성공했다.

영토를 조금씩 획득하는 점에서 18세기 유럽에서 일어난 전쟁과 비슷할지 모른다. 당시와 마찬가지로 영토(우크라이나)가 분할되기 시작한 것으로, 현시점에서는 러시아가 승리를 손에 쥐어가고 있다.

그러나 이것은 미국이 허용할 수 없는 것이다. 그렇기 때문에 이 전쟁은 당분간 계속될 것이다.

이 전쟁의 비도덕적 측면

여기서 가설 하나를 추가해보자. '이 상태에서 전쟁이 끝난다면 우크라이나는 어떻게 될 것인가'를 상상해보는 것이다.

이전 인터뷰에서 나는 우크라이나를 '파탄 국가'라고 설명했다. '우크라이나 국가'에 남아 있는 것은 군대뿐으로 그것도 워싱턴에서 컨트롤할 것으로 추정된다.

1991년 우크라이나 독립부터 러시아 침공까지 우크라이나 인구의 약 15%가 유출되었는데, 인구 유출은 전쟁이 시작되고 나서 더욱 심화되어 아마도 20~25%에 달하는 것으로 본다. 그런 의미에서도 국가로서의 파탄이 한층 진행되는 것이다.

'진정한 피해자'는 우크라이나 국민이다. 이 전쟁의 비도덕적 측면은 전투를 우크라이나군이 수행하면서도 전쟁터에서는 서방측 무기를 사용하고, 우크라이나는 자국보다 강력한 러시아를 상대로 싸우고 있다는 점이다. 우크라이나는 군사적으로 유능하게 보여도 국가로서는 붕괴되고 있는 것이다.

우크라이나 서부의 폴란드 편입

덧붙여 말하자면 우크라이나 서부보다 동부와 중부에서 '파탄' 이 진행되고 있다.

여기서 내가 주목하는 지점은 폴란드가 어떻게 움직이는가 하는 것이다.

다른 지역보다 비교적 파괴가 덜한 우크라이나 서부에는 놀라울 정도로 많은 폴란드인이 살고 있다. 폴란드에도 우크라이나 난민 이 대단히 많이 유입되었다(2022년 9월 시점에 유엔난민기구는 폴란드에 약 139만 명의 우크라이나 난민이 있는 것으로 추산했다 – 옮긴이). 그리고 우 크라이나 서부는 역사적으로 폴란드의 영향을 받아 러시아 정교 회로부터 '정교의 배반자'라고 강한 탄압을 받아온 우니아트 교회 (동방 가톨릭교회)라는 교파가 존재한다. 폴란드와 인접하는 갈리치 아 지방에 수많은 신자가 있고 폴란드에도 다수의 신자가 있다.

이것은 어디까지나 정치소설이나 SF 세계의 공상에 가까운 가 설이지만 우크라이나가 완전히 붕괴되었을 때 폴란드가 우크라이나 서부의 병합을 요구한다고 해도 나는 놀라지 않을 것이다.

러시아의 우크라이나 남동부 장악은 '붕괴되는 사회와 영토의 할양'이라는 세계적인 사례의 하나가 될 것이다. 원래 이런 전쟁이 일어나리라고는 아무도 상상하지 못했다. 그렇기 때문에 지금까지 상상하지도 못한 일이 앞으로 일어날 수 있으며, 이 모든 상황을 가정하지 않으면 안 된다.

우크라이나 침략에 대한 각국의 반응

지금부터 핵심이 되는 논의를 시작하고자 한다.

이번 전쟁은 '서양 민주주의 vs. 러중으로 대표되는 전제주의'라는 구도로 나뉘는데 이 부분을 심층적으로 살펴보기로 한다.

현재 세계에는 러시아에 대한 제재를 결정한 국가와 제재를 이미 실시하는 국가, 그렇지 않은 국가가 있다. **지도 1**은 러시아의 우크라이나 침공에 대해 ① 비난하며 제재를 하는 국가 ② 비난하지만 제재는 하지 않는 국가 ③ 비난도 제재도 하지 않는 국가 ④ 지지하는 국가를 표시한 것이다.

우선 이 지도에서 분명히 알 수 있는 것은 ① 비난하며 제재를 하는 국가는 전 세계 대부분의 국가가 아니고 일부 특정 국가라는 사실이다. 구체적으로는 미국, 영국, 캐나다, 호주, 뉴질랜드와 같은 앵글로·색슨족의 국가와 여러 유럽국, 여기에 일본, 한국과 같이 '서양화'된 곳이며 라틴아메리카의 몇 나라가 동참한다.

한편 러시아의 행동을 제재하지 않을 뿐 아니라 비난도 하지 않는 국가(③과 ④)가 있다. 우선 러시아의 동맹국인 베네수엘라, 시리아, 미얀마 등인데 그 외 주목할 부분은 중국, 인도, 브라질, 남아프리카와 대부분의 이슬람 국가가 포함된다는 사실이다.

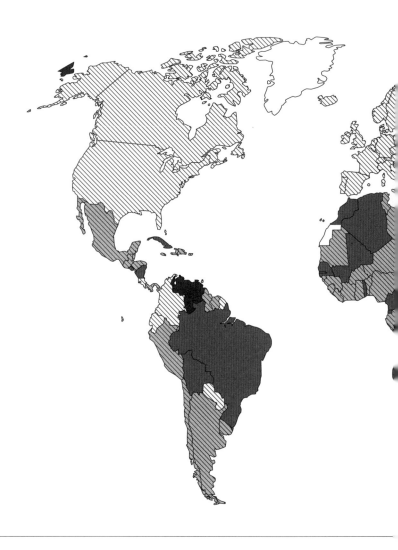

①	비난하며 제재를 하는 국가
②	비난하지만 제재는 하지 않는 국가
③	비난도 제재도 하지 않는 국가
④	지지하는 국가

출처 : Groupe d'études géopolitiques

지도 2 | 가족 구조에서 부권성의 강도

*네이션 넌이 작성한 지도를 저자가 일부 수정

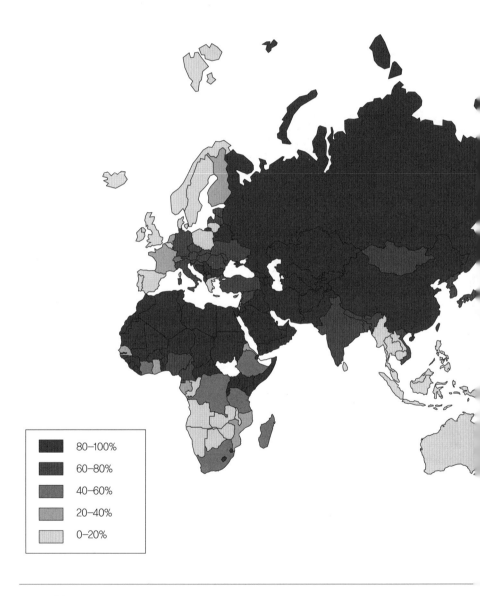

- 80–100%
- 60–80%
- 40–60%
- 20–40%
- 0–20%

가족구조에서 부권성의 강도

이 지도를 우선 인류학적으로 분석하고, 그 후에 이데올로기나 정치 체제에 관한 의미를 살펴보고자 한다.

미리 말해두자면 나의 설명은 브라질이나 아프리카 몇몇 국가에는 적용되지 않는다. 이 국가가 러시아에 동조하는 이유는 반미 감정에 기인하기 때문이다. 그러나 인도, 이란, 이라크와 중국을 비롯한 아시아 국가에 관해서는 대단히 유효한 설명이 될 것이다.

내 전공은 정치학이 아니고 가족 시스템이나 친족 구조를 연구하는 인류학이다. 그렇기 때문에 내게 지정학은 부차적인 영역이다. 그러나 인류학과 지정학이 놀라울 정도로 일치한다는 사실을 설명하려고 한다.

지도 2는 경제 발전과 가족·친족 구조의 관련성을 연구하는 하버드대학의 경제사학자 네이선 넌Nathan Nunn 교수가 작성한 '부권성의 강도를 나타낸 지도'를 내가 수정한 것이다. 백분율이 높을수록 부권성이 강한 가족 시스템이다.

참고로 나는 《가족 시스템의 기원L'origine des systèmes familiaux》에서 부권성의 강도를 「부권성 레벨 1=남성 장자 상속의 대두」→「부권성 레벨 2=부계 거주 가족공동체」→「부권성 레벨 3=여성 지위의 철저한 저하」라는 3단계로 나누었다. 가족 구조로 말하면 핵가족은 '부권성 레벨 0', 직계가족은 '부권성 레벨 1', 가족공동체는 '부권성 레벨 2 또는 3'에 해당된다.

통시적 시점으로는 역사가 진행되면서 '쌍계성(젊은 부부는 남편의 가족 집단과 아내의 가족 집단 어느 쪽이든 소속 가능하다)·핵가족'에서 '부권성·공동체 가족'으로 변화해왔다. 한마디로 말하면 부권성의 강도가 강해져온 것이 인류 가족의 역사다.

이 지도를 보며 가장 먼저 눈에 들어오는 사실은 서양 사회는 스스로를 보편적이라 믿고 있지만 사실은 특정 가족 구조에 포함되어 있다는 것이다. 부권성 강도가 40% 이하인 국가와 거의 일치한다.

다른 한쪽 진영을 살펴보자. 이 진영은 유라시아 대륙의 중심부를 차지하고, 과거의 공산권, 현재의 유교권과 이슬람권을 포함한다. 인류학자가 '부권적'이라고 부르는 세계다. 이 지역에서는 아버지와 아들의 관계가 친족 관계를 정의하고 여성의 지위는 이차적이다. 강도의 차이는 있지만 농촌 사회였던 시대에 가족이 좀 더 농밀한 형태로 공동체로 조직되던 지역이다.

이런 전통적 가족 시스템은 근대화—공업화와 도시화—로 인해 붕괴되는데, 대신 공동체주의적인 경향이나 권위주의적인 국가를 만들어낸다. 과도기적 위기에서 공동체주의적이고 부권적인 가족 시스템이 러시아, 중국, 베트남 등에서는 공산주의를 낳고, 이슬람 국가에서는 이슬람 과격파를 탄생시킨 것이다.

여하튼 이 지도를 통해 러시아는 전혀 고립되지 않았다는 사실을 알 수 있다. 이들 국가는 공통적으로 개인주의적 경향이 없고, 서양 세계의 인류학적 기반이 되는 핵가족 구조가 보이지 않는다.

덧붙여서 스스로를 가장 선진적이라고 생각하는 서양 사회는 가족 구조의 역사로 살펴보면 실제로는 가장 원시적인 형태이다. 그들의 개인주의적 경향은 쌍계적 핵가족 구조에서 유래하는데 핵가족이야말로 가장 오래되었고, 부권성이 강한 권위주의적 사회를 형성하는 가족공동체가 가장 새로운 것이기 때문이다.

그리고 스스로를 보편적이라고 여겨온 서양 사회는 현재 점점 더 내면으로 매몰되며 폐쇄적으로 바뀌고 있다.

인류학으로 본 세계의 안정성

우리는 현재 세계가 무질서에 빠져 있다고 느낀다. 하지만 인류학적 지도를 통해 일정한 '질서'를 볼 수 있다. 어떤 나라가 러시아의 우군이고, 어떤 나라가 러시아와 대립하는지를 살펴보면 이 전쟁의 표면상의 '무질서' 깊은 안쪽에 인류학적 지도(세계의 인류학적 구조)가 존재하며, 심지어 이것이 대단히 안정된 것임을 알 수 있다.

예를 들면 이 지도에서는 '핵가족 사회(부권성 레벨 0)'와 '공동체주의적 부권제 사회(부권성 레벨 2 또는 3)' 사이에 자리하는 인류학적 중간 지대가 있는 것을 볼 수 있다. 그런 대표적인 예가 '직계가족 사회(부권성 레벨 1)'인 독일과 일본이다.

독일과 일본은 서양에 공통하는 핵가족 사회보다 부권적인 사회다. 인류학자로서 나는 독일과 일본, 특히 독일은 '서양 국가(핵가족 사회)인 척해왔다'고 생각한다. 또는 독일을 '좀 더 넓은 의미(핵가족 사회의 서유럽이 아닌)의 유럽에 속한다'고 볼 수도 있다.

독일과 일본이 '서양 세계'에 속한(=서양 국가인 척하는) 것은 인류학적 기반에 의한 것이 아니고 모두 제2차 세계대전에 패배해서 미국에 '정복'당한 것에서 기인한다. 물론 독일과 일본에 메리트가 있었을지 모르지만 '인류학적 불일치'가 보인다. 이는 인류학적으로 뭔가 '부조리'가 발생했다고도 생각할 수 있다.

이런 예는 이 외에도 더 있다. '가족 구조라고 하는 인류학적 기저의 결정력'은 절대적이지는 않지만 매우 안정적인 것이다. 독자 여러분도 이 지도를 참고해 논의를 다양하게 펼쳐보시기 바란다.

민주주의 진영 vs.
전제주의 진영의 분류는 무의미

내가 말하고 싶은 것은 이 전쟁을 정치학보다 더 깊은 영역에서 검토해야 한다는 것이다.

'이 전쟁은 부권제 시스템과 핵가족 쌍계제 시스템의 대립이다' 라고는 아무도 말하지 않을 것이다. 서방측 미디어에서도 이런 분석은 찾아볼 수 없다. 가장 흔히 나오는 것이 '민주주의 진영 vs. 전제주의 진영'이라는 시각이다.

분명 이런 분류법도 냉전 시대에는, 특히 미국이 내부적으로 평등을 유지하면서 경제적 번영을 구가하는 한편, 소련과 중국이 전체주의적으로 계획경제를 실천하던 1949년부터 1975년경까지는 의미 있었을지 모른다.

그러나 오늘날 세계에는 전혀 맞지 않는다. 우선 경제 면에서 러시아도 중국도 국가 통제 아래 있기는 하지만 시장경제가 되었고 공산주의는 이미 고사 상태에 빠졌기 때문이다.

정치 면에서도 러시아와 중국은 대중의 의견을 표현하고 이를 밝혀내는 일정 능력이 있다. 다양한 여론조사나 연구 결과가 보여주는 것은 좋고 나쁨은 별도로 하고, 러시아 국민의 대부분이 푸틴과 여당을 지지하고, 국정 선거가 없는 중국에서도 많은 국민이 정부를 지지하고 받아들이는 현실이다. 즉 러시아도 중국도 '민주주의적인 무언가'가 존재한다는 것이다.

러시아와 중국의 권위적 민주주의

　이런 사실을 두고 서양 사람들은 어딘지 이상하다고 느낄 것이다. 그러나 나에게는 모순된 이야기가 아니다. ―다만 이것은 연구자로서 하는 지적이며 프랑스에서 태어나고 자란 나는 개인적으로 러시아나 중국의 정치 체제 아래 살고 싶은 생각은 전혀 없다. ― 이들 국가는 '권위적 민주주의'로 분류해야 하며 이것도 민주주의의 한 형태다. 권위적이라고 이름 붙인 것은 소수파에 대한 존중이 결여되어 있기 때문이다.

　민주주의 원칙은 다수파가 권력을 잡는다는 것이다. 자유민주주의는 다수파의 권력에 소수파의 존중이라는 원칙이 더해진다.

　러시아와 중국의 시스템은 다수파의 권력(=민주주의)은 있다. 그러나 소수파의 존중은 없다. 그렇기 때문에 권위적 민주주의라고 볼 수 있다. 또한 이것은 각 정권이나 지도자의 문제 이상으로 가족공동체라는 가족 시스템에서 유래한다.

러시아와 중국의 차이

그러나 이즈음에서 부언해두자면 러시아와 중국은 완전히 다른 사회이기도 하다. 다만 이것도 단순히 '중국은 공산당 정권이 아직 계속되고, 러시아는 선거제도가 있는데 중국은 없다'는 이유만은 아니다. 내가 여기서 지적하고 싶은 것은 그런 표면상의 정치제도가 아니라, 인구학적·인류학적 관점에서 본 차이다.

러시아는 교육 면에서 중국을 훨씬 뛰어넘어서는 고등교육을 받은 두꺼운 중간층이 존재하지만, 중국에는 보이지 않는다. 가족공동체 사회라는 공통점이 있으면서도 러시아가 중국보다 자유주의적 사회인 데는 이런 차이에서 기인한다.

러시아 여성과 기독교

러시아와 중국의 차이를 인류학적으로 깊이 살펴보면 '여성의 지위' 차이에 도달하게 된다. 여성의 지위는 러시아가 중국보다 훨씬 더 높다.

그것은 예컨대 부부 사이의 나이 차이가 그다지 나지 않는 것으로도 나타난다. 또한 러시아 여성의 대학 진학률로도 볼 수 있다. 러시아 대학의 남학생 100명당 여학생 수는 130명(프랑스는 115명, 미국은 110명, 독일은 83명)이다. 이 기준에서 보면 러시아는 세계에서도 여성의 지위가 가장 높은 나라 중 하나이고 스웨덴(140명)의 뒤를 잇는 것을 알 수 있다.

또한 러시아는 공산주의라는 부조리한 체제를 만들어내면서도 냉전기에 우주 분야와 군사 분야에서 미국에 맞서는 수준이 되었다. 부권적인 가족공동체 사회임에도 불구하고 여성의 지위가 비교적 높은 것이 이와 같은 러시아 시스템의 특수한 역동성을 만들어낸 것이 아닐까 생각한다.

아마도 러시아 여성의 지위가 높은 것은 기독교와도 관계가 있을 것이다. ― 한편 중국 여성의 지위가 낮은 것은 유교에서 유래할 가능성이 있다. ― 내가 저서《우리는 어디까지 왔나?_Où en sommes-nous?_》에서도 상술한 바 있지만 기독교의 특징 가운데 하나가 마리아 신앙에서도 볼 수 있듯 유대교나 이슬람교에 비해 여성이 큰 역할을 한다는 것이다.

러시아의 기원이라고 할 수 있는 키예프대공국의 지도층은 블라디미르 1세(재위 980~1015년) 시대에 기독교(동방정교)로 개종했다.

한편 러시아의 부권제 가족공동체가 완전히 실현된 것은 17세기 중반부터 19세기 중반에 걸친 시기로 보인다. 즉 러시아의 기독교화는 러시아의 부권화보다 7~8세기나 앞서고, 유라시아 각지에 부권 시스템을 전파한 몽골인의 정복보다 먼저이다.

동방정교의 '마리아 신앙'은 가톨릭교회에 뒤지지 않을 정도로 열렬하다. 이와 같은 기독교(정교)의 페미니즘적 특징이 러시아의 강한 부권성에 어느 정도 제동을 걸었으리라 충분히 추론할 수 있다.

현재의 영국과 미국은
자유민주주의라 할 수 없다

그러면 이어서 '자유민주주의'라 불리는 진영을 생각해보자.

자유민주주의라는 호칭은 제2차 세계대전 후부터 1975년 무렵까지는 의미가 있었다. 그러나 자유민주주의 국가를 대표하는 미국과 영국의 현재 모습을 보면 이 호칭이 얼마나 공허한지 알 수 있다. 이 국가에서는 불평등이 너무나도 크게 확대되었기 때문이다.

특히 미국에서는 선거 과정에 막대한 자금이 투입된다. 금권정치가 대대적으로 횡행하고 있다. 이런 나라에서 다른 나라의 민주주의를 운운할 자격이 있을까? 교육에 따른 계층화와 사회 분단도 심각하다.

그것만이 아니다. 이 나라에서는 사회의 상층과 하층에서 수명까지 현저하게 차이가 나타난다. 최빈층 20%의 사망률이 증가하고 있다. 선진국에서는 있을 수 없는 사태다.

미국과 영국의 불평등 확대는 '절대 핵가족(결혼한 자녀는 부모와 동거하지 않고, 유언으로 상속자를 지명하며, 형제간의 평등에 무관심)'이라는 가족 구조에서 유래한다. 이 가족 시스템은 '평등'이라는 가치관을 내포하지 않는다.

부모와 자식의 관계는 자유주의(개인주의)적이고, 독일과 일본의 직계가족처럼 권위주의적 관계가 아니며 '자유'라는 가치관이 있다. 그러나 '평등'의 원칙은 없어서 이 사회에서는 불평등에 제동이 걸리지 않는다.

한편 권위주의적이기는 해도 러시아와 중국의 가족공동체는 (형제간의)평등이라는 가치관이 있어서 불평등이 확대되는 것을 어느 정도 막아주는 경향이 잠재적으로 존재한다. 그렇기 때문에 러시아와 중국에서는 공산주의 체제가 성립할 수 있었던 것이다.

자유주의 과두제 진영 vs.
권위적 민주주의 진영

이런 상황에서 미국이나 영국을 자유민주주의라고 정의하는 것은 과학적으로나 정치철학적으로나 이미 타당하다고 하기 힘들 것이다.

나는 민주주의를 '제도로서 민주주의'와 '심리와 감정으로서 민주주의'라는 두 가지 측면에서 보고 있다. 사회 내부에 민주주의적 감정이 보이지 않고 이렇게나 극심한 단절이 발생한 미국이나 영국이 '민주주의 수호자'라 자처할 자격을 더 이상 찾아볼 수 없다.

개인적으로 이들 국가는 '자유주의 과두제'라고 부르는 것이 더 적합하다고 생각한다.

정치학이나 지정학만이 아니라 인류학적 관점을 추가하면 지금 세계에서 발생하는 진정한 대립은 '민주주의 진영 vs. 전제주의 진영'이 아닌 '자유주의 과두제 진영 vs. 권위적 민주주의 진영'이라고 할 수 있다.

일본·북유럽·독일

참고로 일본을 자유주의 과두제로 분류하지는 않을 것이다. 직계가족 사회인 일본에서는 '절대 핵가족' 사회인 미국과 영국만큼 부의 불평등이 심화되지 않았기 때문이다.

북유럽의 여러 나라는 여전히 자유민주주의 국가라고 정의할 수 있다. 다만 유럽 대륙 중심부의 경우는 별도의 분류가 필요할 것이다. 《독일 제국이 세계를 파멸시킨다ドイツ帝国が世界を破滅させる》(문예춘추, 일본 오리지널 판 - 옮긴이)에서 상세하게 논했지만 독일은 민주주의 국가지만 EU 전체가 독일 제국화되고 있기 때문이다.

독일에서는 제대로 기능하는 선거제도가 있고 빈부 격차도 심하지 않아서 빈곤층이라도 사망률이 높지 않다. 그러나 독일은 EU와 유로를 통해 실질적으로 유럽인을 지배하고, 이 시스템 전체는 민주주의적이라고 하기 힘들다. '지배자의 민주주의'라고 할 시스템으로, 중심에는 지배자만의 독일 데모크라시가 있고, 그 주변에 여러 국민의 히에라르키Hierarchie(피라미드형 계층 구조 - 옮긴이)가 형성되어 있다.

자유주의 과두제 진영의
민족주의적 경향

나는 추후 몇 달 또는 몇 년 동안 이 전쟁으로 드러난 대립 구조에 주목하려고 한다.

우선 눈에 띄는 것은 미국과 영국을 중심으로 한 자유주의 과두제 진영이 민족주의적 경향을 보인다는 사실이다.

2021년 9월 미국, 영국, 호주가 새로운 안전보장 협력 기구 '오커스AUKUS'를 설립함과 동시에 호주에 원자력 잠수함 기술 공여를 발표했다.

그 결과 호주는 프랑스와 한창 진행 중이던 디젤 잠수함 개발 계약을 파기했다. 내가 놀란 것은 호주가 미국 잠수함을 선택한 것이 아니다. 동맹국 프랑스에 대한 미국의 무례한 태도다. 게다가 이것은 아프가니스탄에서 미국이 불명예스럽게 퇴각한 직후에 일어난 일로, 막다른 곳에 내몰린 초조함을 다른 곳에서 푸는 행동처럼 보여 매우 불쾌하게 느껴졌다.

오커스 멤버인 미국·영국·호주는 모두 앵글로·색슨 국가이고 동맹 관계를 맺는 것은 자연스러운 흐름이다. 그러나 바꿔 말하면 너무나 동질적인 민족 집단이며, 프랑스를 배제하는 자세에서 폐쇄성을 볼 수 있다.

권위적 민주주의 진영의 생산력에 의존

내가 여기에 제시하는 것은 앞으로 진행하고자 하는 연구 테마이며 어떤 '결론'은 아니다. 단순히 두 진영의 대립으로 이 전쟁을 파악하는 것은 충분하지 않다. 그 이유는 오늘날의 경제는 유례없이 글로벌화되어 있어 두 진영의 상호작용이 전문화와 경제적인 상호 의존이라는 매우 흥미로운 상황을 만들어내기 때문이다.

자유주의 과두제 세계는 창조적이고 유연성이 있으며, 끊임없이 기술 혁신이 이루어지는 곳이다. 미국이 만들어낸 인터넷 덕분에, 파리와 도쿄에서 온라인으로 대화할 수도 있다.

그런 한편 자유주의 과두제 세계는 자국의 산업, 공업 생산 능력을 홀대해왔다. 그 결과 기술자를 포함한 자국의 노동자층이 무너져버렸다. 재정적인 이유로 노동력이 싼 권위적 민주주의 진영에 공업 생산을 맡겨버렸기 때문이다. 이 점에서 미국과 중국의 관계가 특히 두드러진다.

또한 최근 분명해진 것은 러시아도 전문화를 진행했다는 점이다. 러시아는 오늘날 천연가스, 석유와 같은 에너지 자원과 농업 생산품과 비료의 수출 대국이 되었고, 그 생산력으로 세계에 공헌하고 있다.

요컨대 서양 사회, 즉 EU를 포함한 자유주의 과두제 진영은 권위적 민주주의 진영의 생산력 없이는 살아갈 수 없는 상태다. 이것은 매우 기묘해서, 그만큼 예측 불가능한 상황이라고 하겠다.

고도의 군사 기술보다 무기 생산력이 관건

이 전쟁이 장기화되는 가운데 사람들의 관심은 군사 기술적 분야에서 무기 생산을 포함한 각국 경제의 생산력으로 바뀌었다.

유럽의 사활 문제는 지금까지 수입해온 러시아 천연가스, 석유, 비료, 나아가 전쟁으로 파괴되어 중단된 우크라이나 수입품에 앞으로 의지하지 않고 살 수 있는가 하는 것이다.

러시아와 경제 관계가 깊지 않은 미국엔 이런 문제가 존재하지 않는다. 다만 미국에도 생산력의 문제가 이제부터 심각하게 덮쳐올 수 있다. 장기전으로 군수품을 계속 소비하게 되면 '고도의 군사 기술'보다 '무기 생산력'이 과제로 떠오르기 때문이다.

얼마 전 CNN은 "미국의 무기 수출은 확실히 강점이기는 하지만 휴대용 지대공 미사일인 스팅어와 휴대용 대전차 미사일인 재블린 등의 생산력을 앞으로도 유지할 수 있을 것인가"라고 우려하는 기사를 실었다. 또한 프랑스 국방참모총장은 "전쟁이 길어질수록 고성능 무기는 포기해야만 한다. 막대한 비용이 들고 다루기도 어려운 복잡한 병기이기 때문이다"라고 말했다.

　요컨대 전쟁이 길어질수록 수요가 커지는 것은 비싸고 고도로 복잡한 병기보다 간단한 탄약이며, 그로 인해 전투는 더 폭력적으로 바뀌고 더 많은 피를 흘리게 되는 것이다. 따라서 두 진영의 '무기 공급 능력'이 앞으로 한층 중차대한 문제가 될 것이다.

미국과 러시아의 생산력

러시아는 인구 규모로는 일본과 비슷한 수준에 지나지 않는다. 군도 피폐한 상태이고 장비도 충분하지 않은 듯하다. 그러나 다음과 같은 점에 주목해야 한다.

우선 2014년 이후 내려진 경제 제재에 러시아는 잘 적응했다. 농업 생산이 배로 증가하는 등 2014년부터 2022년에 걸쳐 러시아 경제의 적응 능력은 놀랄 만한 것이었다.

또한 러시아는 중국의 힘을 빌릴 수도 있다. 공업 생산에서 중국이 협력하게 되면 러시아가 탄약 부족 때문에 어려움을 겪지는 않을 것이다.

한편 미국은 어떤가? 1945년 시점에 미국의 생산력은 압도적이었고 세계 공업 생산의 절반을 차지했다. 그러나 지금은 그렇지 않다.

게다가 오늘날 공급망(서플라이 체인)은 상호 의존적이며 매우 복잡해 예측이 곤란하다. 실물경제에서 세계 각지의 공급에 전면적으로 의존하는 미국에는 커다란 리스크가 될 것이다.

러시아의 밀 생산량

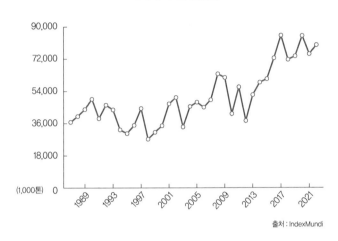

출처 : IndexMundi

미국의 밀 생산량

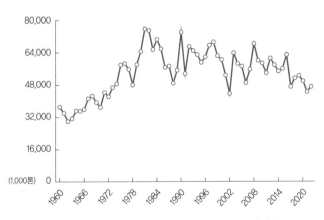

출처 : IndexMundi

150

유럽 경제는 인플레를 견딜 수 있을까?

예측하는 대로 되지 않는다는 과거 전쟁에서 얻은 교훈 그대로 정말 지금 세계는 예측 불가능하다. 그럼에도 러시아 제재의 충격이 부메랑이 되어 서양 사회로 되돌아오는 것은 틀림없다.

서방측의 미디어는 "이렇게 강력한 경제 제재에 러시아 경제가 견딜 수 없을 것이다"라고 논했으며 실제로 러시아는 높은 인플레이션이 불어닥쳤다.

그러나 루블화는 일단 급락한 뒤 바로 회복했으며, 오히려 서방측 주요 통화에 대해 오히려 루블화 강세를 보이고 있다.

러시아산 석탄·석유·천연가스의 금수 조치로 궁지에 빠진 쪽은 러시아보다 유럽일 것이다. 러시아산 에너지에 대한 유럽 경제의 의존도가 매우 높기 때문이다. 유럽이 에너지 자원의 다른 수입처를 찾기는 매우 어려운 데 반해 러시아는 대체할 수 있는 수출처를 찾기가 쉽기 때문이다.

게다가 현 국면에 에너지 가격이 급등하고 있다. 가격 상승으로

괴로운 것은 유럽이고, 혜택을 받는 것은 러시아임이 분명하다.

그렇기 때문에 이 경제적 소모전에서 도저히 서방측이 승리할 것 같지 않다. 미국, 영국, 프랑스의 대외무역 의존도는 터무니없이 높은 수준이기 때문이다.

이 전쟁은 유럽인에게 막 시작된 것이어서 인플레이션과 공급 문제가 본격화되는 것은 이제부터다. 조만간 사람들은 러시아 경제는 예상 밖으로 안정되는 것에 비해 서방과 유럽 경제는 예상 밖으로 취약한 것이 아닌지 자문하기 시작할 것이다.

유럽에서 전쟁과 직접 관계가 없는 인플레이션이 대중을 덮친 타이밍에 이 전쟁이 반발했다. 그 후엔 이 전쟁이 원인인 인플레이션이 지진 해일처럼 한층 거세게 유럽을 덮칠 것이다.

이런 인플레이션에 유럽 사회 시스템이 얼마나 견딜 수 있을까?

2022 4월 24일 프랑스 대통령 선거에서 강경 우파인 마린 르펜 Marine Le Pen이 마크롱에 패배했지만, 만약 러시아 제재의 영향이 선거 전 프랑스에 나타났다면 르펜이 승리했을 가능성도 있다.

루블화 대비 달러화의 환율

1루블 = 0.015414달러

(2022년 5월 13일 현재)

출처 : TradingView Inc.

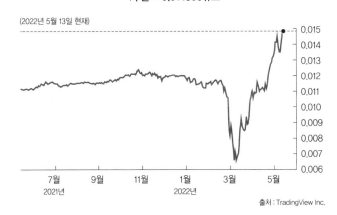

루블화 대비 유로화의 환율

1루블 = 0.014809유로

(2022년 5월 13일 현재)

출처 : TradingView Inc.

루블화 대비 파운드화의 환율

1루블 = 0.012586파운드

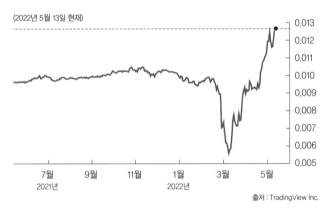

(2022년 5월 13일 현재)

	0.013
	0.012
	0.011
	0.010
	0.009
	0.008
	0.007
	0.006
	0.005

7월 9월 11월 1월 3월 5월
2021년 2022년

출처 : TradingView Inc.

루블화 대비 엔화의 환율

1루블 = 1.9957엔

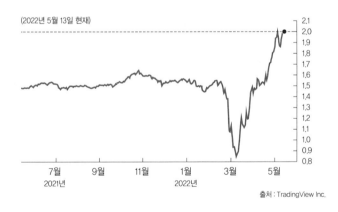

(2022년 5월 13일 현재)

	2.1
	2.0
	1.9
	1.8
	1.7
	1.6
	1.5
	1.4
	1.3
	1.2
	1.1
	1.0
	0.9
	0.8

7월 9월 11월 1월 3월 5월
2021년 2022년

출처 : TradingView Inc.

미국의 인플레율

8.5%(전년 동기 대비)

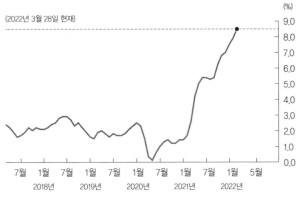

(2022년 3월 28일 현재)

출처 : TradingView Inc.

영국의 인플레율

7.0%(전년 동기 대비)

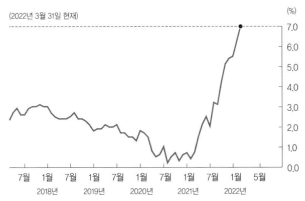

(2022년 3월 31일 현재)

출처 : TradingView Inc.

독일의 인플레율

7.4%(전년 동기 대비)

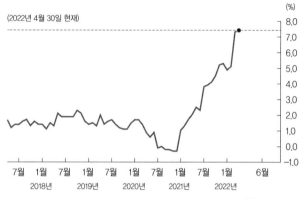

(2022년 4월 30일 현재)

출처 : TradingView Inc.

프랑스의 인플레율

4.8%(전년 동기 대비)

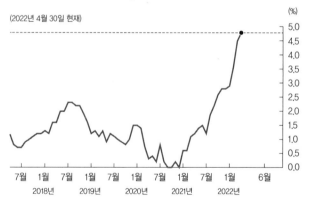

(2022년 4월 30일 현재)

출처 : TradingView Inc.

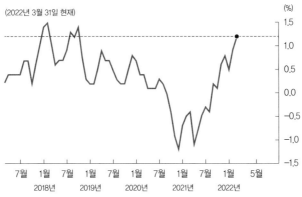

일본의 인플레율

1.2%(전년 동기 대비)

(2022년 3월 31일 현재)

출처 : TradingView Inc.

러시아의 인플레율

17.8%(전년 동기 대비)

(2022년 4월 30일 현재)

출처 : TradingView Inc.

엔지니어로 가늠하는 진짜 경제력

원래 서구권 국가의 경제력은 과대평가하는 반면, 러시아 경제의 내구력은 과소평가하는 것은 오늘날의 경제 분석이 지나치게 구체성이 부족하기 때문이다.

각국의 경제력을 가늠하는 잣대로 농업 부문, 공업 제품, 서비스의 부가가치를 집계한 국내총생산(GDP)이 일반적인 통례다. 하지만 예컨대 미국 변호사의 열성적인 활동이 수치상으로 막대한 부가가치를 일으키는 것처럼 거기에는 전혀 생산적인 것이 아닌, 문자 그대로 허구라고 할 수 있는 서비스도 상당히 포함된다.

이 같은 지표(GDP)로 보면 러시아의 경제력은 한국과 비슷한 정도다(2021년 기준 우리나라는 1만8,102억 달러, 러시아는 1만7,758억 달러다 - 옮긴이).

그러나 만약 러시아의 경제력이 그 정도라고 하면 러시아는 어떻게 미국과 군사적으로 대치할 수 있을까? 크림반도 점령 후 미국과 유럽의 제재를 어떻게 이겨냈을까? 나아가 그 후 곡물과 원자력 발전소의 수출 대국이 될 수 있었던 이유는 무엇일까? 서구의 시스템으로부터 독립적인 인터넷망과 은행 시스템은 어떻게 구축했을까? S-400 지대공 미사일 시스템과 초음속 미사일 개발 등 일정 분야에서 미국을 기술적으로 능가하는 이유는 무엇일까?

이것은 모두 수수께끼일까?

경제력을 추상적으로 파악하지 않고 노동 인구의 교육 수준과 같은 경제력의 구체적인 내용을 살펴보면 전혀 이상하지 않다.

현재 러시아의 중등교육 시스템 수준은 미국보다 높다고 생각한다. 그리고 특히 미국과 달리 러시아에서는 엔지니어를 지원하는 젊은 층이 많다는 것이 중요하다.

2019년 OECD의 조사에 따르면 고등교육 학위 취득자 가운데 엔지니어가 차지하는 비율은 미국이 7.2%인 데 반해 러시아는 23.4%였다(일본 18.5%, 한국 20.5%, 독일 24.2%, 영국 8.9%).

엔지니어 부족을 미국은 다른 나라에서 수입으로 보완하는데, 문제는 그런 엔지니어의 상당수가 중국인이라는 것이다.

여기에 미래 예측을 가능하게 하는 실마리가 존재한다. '아시아에서 미국으로 가는 엔지니어 유입이 앞으로도 계속될 것인가'라는 의문이 제기된다.

첫 번째로 인도 출신 컴퓨터 기술자는 큰 문제가 없다 하더라도 중국인 엔지니어를 대량으로 받아들이는 것에 안전상의 문제는 없을까?

　두 번째, 동아시아 국가가 급속한 저출산에 직면하는 상황에서 미국은 지금처럼 아시아계 이민에 의지하기는 어렵지 않을까?

　여기에서 만약 미국의 경제력을 '달러'가 아니라 '엔지니어'로 측정한다면 글로벌한 공급망의 붕괴—이 전쟁이 일으키는 탈글로벌화—에 어떻게 대응할 수 있을지 문제가 될 것이다.

　그리고 만약 러시아 경제력을 '루블'이 아니라 '엔지니어'로 측정한다면 2014년 이후의 제재를 견뎌냈듯이 2022년 서구의 제재도 버틸 수 있으리라 생각한다.

　단언할 수 없지만 과학적인 엄밀함으로 우리는 다음과 같이 묻지 않을 수 없다. 경제의 진정한 유연성은 은행 시스템과 금융 상품을 개발하는 능력이 아니고, 생산 활동의 재편성을 가능하게 하는 엔지니어, 기술자, 숙련 노동자에게 있는 것이 아니가 하고.

　지금 우리가 눈여겨봐야 할 것은 미국 경제의 진짜 실력이다. 〈뉴욕 타임스〉에는 미국이 우크라이나에 400억 달러의 자금을 원조하는 한편, 유아용 분유가 부족해 스위스와 네덜란드에서 수입해야 한다는 내용의 기사가 실렸다. '화폐를 나누는 것'과 '실제 상품을 나누는 것'은 같지 않다.

　미국은 용감한 우크라이나 병사와 우수한 미국 무기로 러시아를 몰아붙여서 영구히 약체화할 목적으로, 이 전쟁을 연장시키기 위해 우크라이나에 막대한 화폐를 공급하고 있다.

그러나 여기에는 커다란 리스크가 있다. 미국 산업의 취약성과 중국 제품에 대한 의존으로 인해 다른 가능성이 숨어 있기 때문이다. 중국은 전쟁이 장기화되는 가운데 러시아를 이용해 미국의 비축된 무기를 고갈시킴으로써 미국의 약체화를 노리는 선택지가 남아 있다. 거대한 생산 능력을 가진 중국은 러시아에 군수품을 공급하는 것만으로도 얼마든지 미국을 피폐하게 할 수 있다.

이 전쟁은 쉽게 피할 수 있었다

그렇다면 지금부터는 내가 가장 염려하는 문제를 논하려고 한다.

나는 '서방측 미디어로부터 정보를 얻은 유럽인'의 입장에서 말하고 있다. 러시아어를 전혀 모르고 원래 전시 상황에서 정보는 부정확한 것들이라 한정된 정보밖에 접하기 힘들다. 그럼에도 불구하고 이 전쟁 발발 '이전'과 '이후'가 믿을 수 없을 정도로 '불균형'한 것은 너무나 명확해서 우선 그 점에서 몹시 놀라고 있다.

이 전쟁은 우크라이나의 중립화라는 당초 러시아의 요청을 서방측이 받아들였다면 쉽게 피할 수 있었다.

해결이 매우 간단한 문제였던 것이다. 러시아는 전쟁 전에 이미 안정되어가고 있었다. 자국의 국경 보전에 관해 러시아를 안심시키면 아무 일도 일어나지 않았을 것이다. 그런 의미에서 나는 러시아의 입장이 유럽의 입장보다 단순하고 합리적이라고 생각한다.

서양 사회가 허무에서 벗어나기 위한 전쟁

피할 수 있었던 전쟁이 일어나 우크라이나 국민이 학살되는 사태에 빠진 것은 너무나 부조리하다.

이 지점에서 나는 인간의 본질에 대해 비관적인 고찰을 하지 않을 수 없다. 상황을 '뒤집어서' 생각할 필요가 있지 않을까 하는 것이다. 즉 러시아가 아니라 오히려 서양 사회에 문제가 있고, 이 전쟁이 그것을 말해주는 것이 아닐까.

서양 사회는 현재 불평등이 심화되고 신자유주의로 인해 빈곤화가 진행되어 사람들이 미래에 대해 합리적인 희망을 가질 수 없게 되었다. 또한 사회는 목표를 잃어버렸다. 이 전쟁은 사실 서양 사회가 허무에서 벗어나기 위한 방편이며, 유럽 사회가 존재 의식을 찾기 위해 뒤틀린 형태로 이용하는 것이 아닐까 하는 생각을 떨칠 수 없다. 어쩌면 이 전쟁은 '문제' 등이 아닌, 방향을 잃어버린 서양 사회에 하나의 '나쁜 해결책'인지도 모른다.

제1차 세계대전은 중산계급의 집단적 광기

그런 의미에서 이 전쟁은 제1차 세계대전과 닮았다.

프랑스, 독일, 영국, 오스트리아·헝가리 제국은 경제적으로나 문화적으로 유례없는 황금기를 경험한 뒤에 대단히 하찮은 구실, 즉 사라예보 사건을 이유로 대규모 군사적 충돌에 돌입했다.

4년에 걸친 엄청난 살육에는 나름의 합리적 이유가 있었을 것이라고 그 원인을 둘러싼 논의가 끝없이 이어졌지만, 그 배후의 합리적인 이유를 찾기보다 충돌 그 자체, 즉 죽음(자신의 죽음이든 상대의 죽음이든)에 대한 욕망 자체가 목적이었다고 생각하는 편이 간단하고 이치에 맞다.

1914년의 전쟁은 그 자체로 일종의 집단적 광기였다. 마르크스주의적인 경제 결정론으로는 이 전쟁을 파악할 수 없다고 생각해 나는《미치광이와 프롤레타리아 Le Fou et le Prolétaire》라는 책―지금 돌아보면 미진함이 있는 젊은 시절의 저서지만―에서 20세기 세계를 황폐하게 만든 '유럽의 광기'의 정체와 기원을 밝혀보고자 했다.

다시 말해 나는 '프롤레타리아 계급이 중요하다'는 마르크스의 주장에 대해 '중산계급의 동향이야말로 역사의 열쇠를 쥐고 있다'고 생각했다. 이 책에서 《자살론》을 쓴 에밀 뒤르켐Émile Durkheim을 참고해 서유럽 각국의 알코올 의존증이나 정신 질환 환자 수 등의 통계를 이용했다. 즉 경제지표가 아니라 오로지 정신 상태나 심리에 관련된 지표를 활용했다.

이 조사를 보면 자살률이 높아지고 정신 질환이나 알코올 의존증 환자가 증가하는 것은 노동자계급이 아니라 중산계급이었다. 노동자계급이 정상적인 정신 상태였던 것에 비해 중산계급의 정신 상태는 불안정했다. 즉 '1914년의 광기'는 '유럽 중산계급의 광기'였다. 당시의 히스테릭한 내셔널리즘도 유럽 중산계급의 산물이었다.

《자살론》의 통계를 보아도 노동자계급의 자살률이 낮은 것을 확인할 수 있다. 가장 자살률이 높은 것은 금리생활자다. 말하자면 높은 자살률은 낮은 소득이 원인이 아닌 것이다. 경제적 요인만으로 모든 것이 설명되지 않는다.

영국은 병들어 있다

    이렇게 비관적인 형태로 문제의 핵심을 파고들면 '기독교 원죄' 개념까지, 나아가 '인간은 무엇을 해야 할지 모르면 전쟁으로 도망친다'는 결론에까지 이른다.

    내가 이렇게 비관적으로 생각하게 된 계기 가운데 하나는 이번에 나타난 영국의 행동이다.

    나는 프랑스인이지만 영국 대학에서 공부하고 연구자가 되었다. 그런 경험 때문에 영국에 경의와 애착이 있으며, 영국은 합리적이고 멋진 나라, 균형 잡힌 나라라고 줄곧 생각해왔다.

    그러나 이번 전쟁을 둘러싼 영국 정부의 태도는 광기에 빠졌다고밖에 볼 수 없다. 대단히 호전적인 자세를 보여준다. 애당초 미국과 함께 우크라이나군을 무장화해 러시아와 전쟁을 하도록 부추긴 것도 영국이다.

    비합리적 '러시아 혐오'나 '군사주의(자국 병사를 파병하지는 않지만)'로 도피하는 것은 영국이 깊은 곳에서 정신적으로나 사회적으로 병들어 있기 때문이라고 생각하지 않을 수 없다. 더구나 근대 민주주의가 탄생한 영국이 이런 상태에 빠진 만큼 한층 큰 불안을 느끼게 된다.

'지정학＝정신분석학'이 필요하다

나는 이 전쟁을 우선 역사가로서, 또한 인류학자로서 마주하고 있으나 '지정학＝정신분석학자'로서 언급할 필요성도 느낀다.

서양의 방향 상실이나 전쟁으로 도피 등에 관해 말할 때 나는 지정학을 새로운 연구 영역으로 확장하였는데, 이는 이번 전쟁이 제1차 세계대전과 마찬가지로 전략적으로나 경제적으로 이치에 합당하게 설명되지 않는 측면이 있기 때문이다.

도대체 왜 러시아는 이렇게까지 서양의 증오의 대상이 된 것일까? 서양에서 보았을 때 선거가 있고, 여성의 지위도 높은 러시아가 중국보다 '더 나은 국가'임을 고려하면 이것은 큰 수수께끼다. 사실 미국은 바로 얼마 전까지 '최대 적은 중국이다'라고 끊임없이 공언해왔다.

이렇게 합리성이 결여된 서양의 '반러 감정'에 대해 한 가지 가설을 제시하려고 한다.

왜 중국보다 러시아가 증오의 대상일까?

현재 유럽에서는 우크라이나 난민을 시리아 난민이나 아프가니스탄 난민보다 관대하게 많이 받아들이고 있다.

그것은 아마도 유럽인에게 금발에 파란 눈을 한 우크라이나인이 인종적으로 이상적理想的인 사람들로 보이기 때문일 것이다. 달리 말해 예를 들면 시리아인은 신체적으로 다른 외형이라 인종적으로 이상적인 사람들이 아니다.

그러나 여기서 의문이 생긴다. 전형적인 러시아인—아시아인 비슷한 러시아인도 있지만—도 우크라이나인과 매우 비슷해서 겉으로 보기에는 거의 같다. 많은 러시아인은 북유럽인처럼 금발이고, 푸틴도 바로 그런 외모다. 좀 더 터놓고 말하자면 유럽인이 보기에 러시아 여성도 우크라이나 여성도 똑같이 인종적으로 아름답게 보인다.

그런 사실은 '인종적인 의미에서 이상적인 유럽인'으로 보이는데도 불구하고 러시아인은 증오의 대상이 된 것이다.

그렇다면 이것은 '러시아인은 금발인데도 우리와 같은 생각을 하지 않는다', '우리와 같아야 하는데 사고방식이 다르다'는 것밖에 이유를 생각할 수가 없다. 결국은 인종적으로 완벽한데 사고방식이 좋지 않다는 의미다. 한편 중국에 대해서는 그들은 아시아인이고 원래부터 우리와 같지 않다고 판단하기 때문에 그렇게까지 문제가 되지 않는 듯하다.

매우 난폭한 가설이지만, 서양에서 '반러 감정'은 이런 방식이 아니면 도무지 설명되지 않을 정도로 비합리적인 것이다.

반러 감정으로 경제적으로 자살하는 독일?

그렇다고는 해도 유럽인은 이 전쟁이 실제로 시작된 것에 정신적으로 큰 충격을 받고 있다. 이 점이 항상 전쟁을 해온 미국과 다르다.

그리고 앞으로 유럽인은 러시아 제재로 인한 구체적인 영향을 느끼기 시작할 것이다. 이 점도 러시아와 경제적 관계가 깊지 않은 미국과 다른 부분이다. 그런 의미에서 이 위기의 가장 큰 피해자는 우크라이나인이고 두 번째 피해자는 유럽인인 것이다.

러시아에 대한 제재로 인해 독일은 자국 산업이 붕괴될 위험에 직면할 것이고, 유럽에서 러시아 최대 투자국인 프랑스도 러시아에서 권익을 잃기 시작했다.

프랑스 우파의 〈피가로〉지에는 "이 전쟁에서 직접 이익을 얻는 것은 미국이다. 미국은 이를 계기로 액화천연가스를 유럽에 판매하려 하고 있다"는 기사가 실렸다. 실제로 미국이 가장 크게 우려하는 것은 독일을 중심으로 한 유럽이 미국으로부터 자립하는 것이었는데, 러시아와 독일을 연결하는 가스 파이프라인 노르트스트림 2를 정지시키는 데 보기 좋게 성공했다.

앞으로 주목해야 할 것은 프랑스 이상으로 독일의 움직임이다.

독일의 미래는 상당히 불투명하다. 독일 기업의 경영자들이 러시아의 에너지 공급이 중단되는 것에 불안을 느끼는 한편, 독일 국민의 반러 감정은 프랑스 국민보다 강하기 때문이다.

프랑스인이 이 전쟁에서 등을 돌리는 것은 정신적으로 그리 어려운 일이 아니다. 어차피 대부분의 프랑스인에게 우크라이나는 어디에 있는지도 모를 정도로 먼 나라이고 역사적으로도 거의 유대가 없기 때문이다.

프랑스 대통령 선거 첫 번째 투표에서는 '러시아에 가깝다'고 비판받은 극좌파 장뤼크 멜랑숑Jean-Luc Mélenchon과 극우파 마린 르펜이 높은 득표율을 얻었다. 러시아를 더 강한 태도로 몰아세워야 한다고 주장한 공화당의 발레리 페크레스Valérie Pécresse, 유럽녹색당의 야니크 자도Yannick Jadot, 사회당의 안 이달고Anne Hidalgo는 대패했다. 저소득층의 표를 얻은 것은 멜랑숑과 르펜이었다. 다시 말해 러시아와 관련된 문제에 주목하는 사람들은 프랑스의 엘리트층뿐이고 일반 대중은 그다지 관심이 없다.

그에 비해 독일의 경우 우크라이나 문제는 더 가깝고 중대한 문제다. 제2차 세계대전에서 소련 적군과 독일 국방군이 사투를 벌인 전장이었기 때문이다. 선조가 우크라이나 땅에서 목숨을 잃은 사람도 있으며, 독일인에게는 좀 더 구체적이고 감정적으로도 복잡한 문제다.

이 점을 고려하면 독일이 앞으로 비합리적인 반러시아 감정으로 경제 면에서 자살적인 행동으로 치달을 가능성도 충분하다고 여겨진다.

현시점에서는 한발 물러서는 것이 좋다

　프랑스 TV는 연일 전쟁에 관한 뉴스로 넘쳐나는데 발언자의 거의 대부분이 '푸틴은 괴물이다'라는 감정적 태도로 일관하는 것이 현실이다. 마치 '전쟁터에서 시민은 한 사람도 죽이지 않는 것이 일반적인 전쟁이다'라고 단정하는 듯한 보도 방식이다.

　다만 현시점에서 나는 전쟁의 구체적인 요소를 깊이 생각하지 않으려 한다. 역사가로서 아직 팩트가 충분하게 갖춰지지 않았다고 생각하기 때문이다.

　이 상황에 대해 구체적인 행동은 아무것도 하지 못하는 가운데, 내게 있어 도덕적인 행동은 누가 올바른지, 누가 잘못했는지를 분별하는 것이 아니고 오로지 진실에 충실하려고 노력하는 것이다.

　우크라이나에서 실제로 무슨 일이 일어나는지 알기 힘든 상황에서 '전쟁터의 개별적인 사실'이 아니라 '세계에서 구조적으로 무슨 일이 일어나는지' 파악하려고 한다. 전쟁터와 직접 관련된 사건보다 더 확실한 정보를 얻을 수 있기 때문이다.

러시아도 우크라이나도 거짓말을 하고 있을 것이다.

예를 들어 내가 지금 프랑스에서 매일 접하는 정보는 미국과 우크라이나에서 오는 정보이다. 이처럼 미국과 우크라이나가 컨트롤하는 정보 시스템에 속한다는 것을 분명히 인식한 뒤, 이 상황에서 보이는 러시아의 모습을 그대로 받아들이는 것도 피해야 한다. 러시아 역시 거짓말을 하고 있기 때문이다. 내가 러시아에 환상을 갖고 있지 않다는 사실도 여기서 강조해두고 싶다.

마리우폴에서 탈출한 프랑스인의 증언

며칠 전 프랑스 TV 방송에서 놀라운 장면을 보게 되었다.

마리우폴의 우크라이나 병사가 러시아에 항복하기를 거부하던 때의 일이다.

러시아 측에선 '항복하면 우크라이나 병사의 생명은 보장한다'고 말했지만 나는 그것이 거짓말이라고 생각했다. 애당초 러시아가 마리우폴을 침공한 것은 아조우 대대를 파괴하기 위한 것이고, 마리우폴의 우크라이나 병사를 러시아 측에서는 아조우 대대로 받아들였기 때문이다.

한편 아조우 대대는 러시아에 항복해 처형당하기보다 무기를 들고 싸우다 죽는 것이 낫다고 생각했을 것이다.

내가 우연히 TV에서 본 것은 마리우폴에서 아이를 데리고 피란한 프랑스 남성과 우크라이나 여성 커플의 모습이었다. 영락없는 민간인인 그들을 어떤 조직이 탈출시켰는지 모르겠지만, 결국 성공해 생중계로 인터뷰를 했다.

그 자리에서 프랑스 남성이 놀랄 만한 발언을 했다.

"우리는 처음부터 마리우폴에서 탈출하려고 했다. 하지만 우크라이나군이 우리를 저지했다."

이 증언이 맞는 것이라면 우크라이나군이 민간인을 '인간 방패'로 이용했다는 증거를 생방송으로 보도한 것이다. 일반적으로 생각한다면 무시할 수 없는 증언이다. 하지만 아무도 그 남자가 하는 증언의 의미를 더 이상 파고들지 않았다.

이것을 지적하는 것만으로도 아마 나는 '친러파' 취급을 당할 것이다.

상황은 상당히 복잡하다. 이런 일까지 포함해 나는 '한발 물러선 역사가'라는 입장에서 상황을 바라보는 것이 좋다고 생각한다.

우크라이나에 무기를 보내는 현실의 냉혹함

지금 서방측, 특히 유럽인은 충격을 받아서 놀란 상태지만 전쟁을 아직 '현실 인식'으로까지는 받아들이지 못하고 있다. 경제적 쇼크는 현실로 나타나지 않았고, 나타난다고 해도 노동자계층에 영향을 미칠 뿐, 예를 들어 물가의 급등은 나 같은 파리의 부르주아가 아니라 지방에 사는 서민층을 힘들게 한다.

현재 상황은 내게 모노폴리(주사위를 굴려 말을 옮기며 땅을 구입하는 규칙의 보드게임 - 옮긴이) 게임을 떠올린다.

처음에는 아무 생각 없이 게임에 참가한다. 그러면 점점 열중해 집을 짓기도 하고 빼앗기기도 하면서 게임에 빠져든다. 그러다 게임이 끝나는 순간 열기가 급격히 식어 도대체 내가 지금까지 뭘 했나 하며 정신을 차리게 된다.

나는 이것을 '모노폴리 효과'라고 이름 붙였다. 지금 프랑스인은 바로 이와 비슷한 상황이다. 우크라이나에서 일어나는 일에 대해 제대로 생각하지 않고 발언하거나 우크라이나인이 구체적으로 어떤 상황에 처했는지 상상조차 하지 않는다.

미어샤이머가 지적했듯 '우크라이나에 무기를 보내야 한다!', '우크라이나인은 마지막 한 명이 남을 때까지 싸워야 한다!'고 소리 높이는 것이 얼마나 냉혹한 것인지조차 깨닫지 못하고 있다. '이제 이 전쟁을 끝내지 않으면 안 된다!', '교섭에 나서야 한다!'고 아무도 말하지 않는다.

전쟁에 제동을 걸 수 있는 요소를 하나 생각한다면 그것은 관련국의 인구 동태상의 취약성이다.

인구 감소는 그 자체로 사회 존속에 중차대한 문제인데, 국가 간 분쟁의 해결은 각국의 인구가 증가하는 국면보다 감소하는 국면일 때 용이하기 때문이다.

지금 우리는 인구가 귀한 시대에 살고 있다. 출생률의 저하로 인구가 상당히 감소하고 있다. 인구 문제는 러시아, 우크라이나에서도 발생한다. 사람들의 이성을 되돌리는 방법은 오로지 '병사 한 사람 한 사람 생명의 귀중함'을 일깨우는 것뿐이라고 생각한다.

미국이 '참전국'으로 전면에

　드디어 미국이 이 전쟁의 주도적인 '참전국'으로 모습을 드러내고 있다. 러시아가 제시한 '레드 라인'을 무시하고 우크라이나를 무장화함으로써 사실상 NATO 가입국으로 만든, 애당초 시작부터 맨 앞줄의 당사국이라는 것을 스스로 고백하는 듯하다. 이 전쟁은 러시아와 미국의 전쟁이라는 사실이 분명해졌다.

　우크라이나의 배후에서 이 전쟁을 주도하는 것은 미국과 영국이다. 이 사실 자체가 독일, 프랑스, 일본과 다른 국가에 '과연 이 전쟁에 참전해야 하는가' 하는 질문을 던진다.

군사 지원으로 우크라이나를 파괴하는 미국

2022년 5월 3일 바이든 대통령은 재블린 제조 공장을 방문해 "여러분 덕분에 우리가 제3차 세계대전에 휘말릴 위험을 감수하지 않으며 우크라이나인들이 스스로 방어할 수 있게 되었습니다."라고 직원들을 격려했다. 또한 우크라이나를 계속 지원하기 위해서 330억 달러의 추가 예산을 조기에 통과시키기 위해 미국 의회에 촉구했다.

분명 미국은 무기만 제공하고 우크라이나인을 '인간 방패'로 만들어 러시아와 싸우는 것이다.

미국의 군사 지원(=사실상 미국의 참전)은 다음 세 가지를 의미하는데, 러시아에는 문제인 동시에 해결의 실마리가 될 수도 있다.

(1) 우크라이나 전쟁터에서 러시아군이 맞서 싸우는 상대는 미국의 군사 시스템과 미군보다 용감한 병사이며, 이 점에서 러시아는 난관에 직면했다.

(2) 만약 이 전쟁이 미국을 상대로 한 전쟁이라면 러시아는 작전

을 수행하는 데 깊이 생각할 필요 없이 우크라이나를 주저하지 않고 철저하게 파괴할 수 있게 된다.─이것은 비인간적이지만 이치에 맞다.─

(3) 그리고 세계적으로 보았을 때 러시아는 이제 '우크라이나라는 약한 국가를 상대로 전쟁하는 강한 국가'가 아니고 '미국이라는 대국을 상대하는 약한 국가'가 된다.

이런 인식이 퍼지면 러시아는 미국이 의도한 만큼 세계에서 고립되지는 않을 것이다.

앞으로 전쟁의 전개를 예상하기 어렵지만, 이미 '세계 전쟁화'되었고 사실상 미국과 러시아가 충돌하는 이상 '장기전', '지구전'이 될 가능성이 높다고 할 수 있다.

그런 가운데 러시아는 이번에 제압한 영토에서 나가려고 하지는 않을 것이다. 이미 막대한 희생을 치렀기 때문이다.

앞서 말한 것처럼 최악의 경우 폴란드에 의해 갈리치아 지역이 병합될 가능성도 생각할 수 있으며, 그야말로 '우크라이나의 분할'이 현실적으로 다가온다.

그리고 무엇보다 전쟁이 장기화될수록 수많은 우크라이나인이 희생되고, 난민이 되어 국외로 도망치고, 우크라이나의 건물과 다리는 파괴된다. 러시아 침공 전에도 이미 많은 인구가 국외로 유출되어 국가 파탄 상황에 가까웠던 우크라이나는 이 전쟁으로 한층 피폐해질 것이다.

다시 말해 미국이 지원함으로써, 결국 우크라이나를 파괴하는 셈이다.

전쟁이 끝났을 때 살아남은 우크라이나인은 무슨 생각을 할 것인가.

만약 내가 우크라이나인이라면 미국에 대해 강한 증오심을 가질 듯하다. '미국은 피투성이 장난감처럼 우크라이나를 이용했다'는 것이야말로 이미 역사적으로 명확한 사실이기 때문이다.

옮긴이의 말

《제3차 세계대전은 이미 시작되었다》는 상당히 '위협적'인 타이틀로 이 책이 일본에서 출판된 것은 러시아가 우크라이나를 침공해 전쟁이 시작된 지 4개월 정도 지난 2022년 6월 20일이었다. 지금도 그렇지만 당시는 더더욱 전쟁을 현실로 받아들이기 힘들던 때다. 그야말로 일대 역사적인 사건이라 밀려드는 속보로 넘쳐나지만, 정확한 정보는 턱없이 부족하고 당황과 혼란이 전 세계를 휩쓸었다.

그런 분위기에서 이 책은 일본에서 큰 반향을 일으키며 단숨에 아마존의 서양사 부문과 군사 문제 부문, 미국·중남미 역사·지역 연구 부문에서 출간 후 줄곧 1위를 굳건히 지키고 있으며, 독자의 리뷰도 전례 없을 정도로 뜨겁다.

이 책의 원서는 총 4개 장으로 구성되었다. 그 가운데 제1장과 제4장을 번역한 것이다.

저자인 에마뉘엘 토드는 미국의 국제정치학자인 존 미어샤이머의 주장에 상당 부분 동조하며, 이 책도 그 기조 위에 있다. 국제정치학자 존 미어샤이머는 전쟁 발발 전부터 일찍이 지정학적이고 전략적인 관점에서 우크라이나 사태를 예견하고, 이를 사전에 경고한 대표적인 인물이다.

구체적으로 "전쟁(우크라이나 전쟁)의 책임은 푸틴이나 러시아에 있는 것이 아니고 미국과 NATO에 있다"는 것이다. 1994년 이후 우크라이나와 동유럽에서 이루어진 미국과 NATO의 동방 확대 상황과 그것이 원인이 되어 전쟁이 발발했다는 취지이다. 다만 미국은 지정학적, 전략적으로 판단해 이 전쟁에 깊이 관여하지 않을 것이기 때문에 결국은 러시아의 승리로 끝날 것이라 주장했다.

이에 대해 에마뉘엘 토드는 전쟁의 원인에 대해서는 동의하면서도, 이 전쟁은 미국에도 똑같이 사활 문제가 될 것으로 보았다. 미국의 적극적인 개입으로 장기화되고 소모전의 양상으로 흘러갈 것이다. 또한 점차 미국과 러시아 전쟁의 대리전으로 발전할 것이라고 예측했다. 문제는 그로 인해 결국 가장 피해를 입는 존재는 우크라이나 국민이라는 점을 환기하며 전쟁의 냉혹함을 이야기한다.

미국이 이렇게 호전적인 태도를 취하는 데는 네오콘의 야욕이 결정적인 촉매제가 되었다. 러시아 혐오의 네오콘은 미국을 푸틴 이상으로 예측 불가능하게 만들며 막대한 리스크를 조장한다.

이 전쟁에 네오콘이 깊이 관여하고 있다고 지적한 또 다른 인물로 컬럼비아대학 제프리 색스 교수가 있다. 세계 최고의 경제학자이자 정책 연구자인 그가 〈컨소시엄 뉴스〉에 발표한 기고문(《Consortium News》 2022. 10. 3) 역시 이들의 주장과 궤를 같이한다.

첫 문장에 "우크라이나 전쟁은 미국 신보수주의 운동의 30년 프로젝트의 정점이다"라고 꼬집으며 "네오콘은 2008년 조지 W. 부시 대통령 시절 NATO의 우크라이나 확장이 미국의 공식 정책이 되기 전에도 NATO의 우크라이나 확대를 지지했다. 그들은 우크라이나의 NATO 가입이 미국의 지역 및 세계 지배력의 핵심이라고 보았다"고 비판했다.

현재 미국의 배후 책임론을 거론하는 미어샤이머와 저자 에마뉘엘 토드의 견해는 매우 논쟁적이고 '일반 통념에 반하는 소수설'에 불과하다. 그러나 미국 외교계의 전설 헨리 키신저 전 미국 국무장관이 2022년 5월 세계경제포럼WEF(다보스포럼)에서 "미국이 우크라이나를 NATO에 포함시키려는 것은 바람직하지 않다"고 강하게 발언해 전 세계적으로 큰 반향을 일으켰다. 그뿐 아니라 미국 외교학회 연설에서도 "베를린장벽 붕괴 이후 워싱턴이 무분별하게 모든 구소련 구성국을 우산 아래에 포함시키려 했다"는 발언을 이어나갔다.

저자 에마뉘엘 토드는 역사학자이자 인류학자이면서 사회학, 정치과학 등 다양한 분야에 이름을 올린 현대 최고 지성으로 손꼽힌다. 우리나라에도《샤를리는 누구인가?》,《제국의 몰락》 등의 책이 번역, 출간되어 이미 익숙한 독자도 있을 것이다.

그는 일찍이 세계를 인류학적 인구 동태를 기반으로 새롭게 분석했다. 구체적으로 가족 구조와 정치·경제 체제(이데올로기)가 일치한다는 점에 주목했다. 그는 역사인류학을 기반으로 매우 돌발적인 예측을 내놓는 것으로 유명하다.

일찍이 1976년 25세에《최후의 몰락》을 펴내 당시 영아 사망률의 상승이라는 데이터를 근거로 소비에트연방의 붕괴를 예측해 많은 사람을 놀라게 했다. 2001년《제국 이후》에서는 미국발 금융 위기를, 2007년《문명의 융합》은 아랍 세계의 식자율이 높아지고 출산율이 상승하는 현상을 들어 이슬람 민주화를 예언했다.

이번 책에서도 에마뉘엘 토드는 가족 시스템을 기반으로 러시아와 우크라이나의 이질적인 사회 구조와 갈등, 더 나아가 이번 전쟁이 서양 언론에서 이야기하는 '민주주의 진영'과 '전제주의 진영'의 대립이 아니고 '자유주의적 과두제 진영'과 '권위적 민주주의 진영'의 대립으로 봐야 한다고 주장한다.

저자는 전쟁이 일어난 근본적 원인을 기존 이데올로기·정치·지정학적 분석에만 의지하지 않고 한 겹의 레이어를 더 제공한다.

나아가 '우크라이나와 러시아의 관계', '서방측의 경제 제재가 효과가 있을 것인가?', '러시아는 전쟁을 계속 유지할 경제력이 있는

가?', '유럽은 왜 반러시아 감정을 가지는가?' 등의 물음에도 자신만의 견해를 함께 제시한다.

애당초 이 책은 이번 전쟁에 대해 유럽 미디어가 반러시아 감정에만 치우쳐서 전쟁의 원인과 앞으로의 대처에 종합적·이성적으로 판단하지 못하는 것에 반발하여 시작한다.

저자는 현재 상황을 모노폴리 보드게임으로 비유했다. 아무 생각 없이 게임에 참가했다가 점점 열중해 시야를 차단당한 경주마처럼 오롯이 게임에 몰두하게 된다. 그러나 끝나는 순간 갑자기 열기가 식어 정신을 차리는 것이다.

> '우크라이나에 무기를 보내야 한다!', '우크라이나인은 마지막 한 명이 남을 때까지 싸워야 한다!'고 소리 높이는 것이 얼마나 냉혹한 것인지조차 깨닫지 못하고 있다. "이제 이 전쟁을 끝내지 않으면 안 된다!", "교섭에 나서야 한다!"고 아무도 말하지 않는다. (본문 p.179)

사실 저자가 말하고 싶은 핵심 요지는 바로 이것이 아닐는지.

평범한 우크라이나인과 러시아인의 생명이 걸린 참혹한 전쟁이라는 가장 중요한 사실은 심연에 가라앉고, 오로지 각국의 이권과 이데올로기가 난무한다. 지금처럼 아무도 브레이크를 걸려는 움직임 없이 서로 강대강으로 치닫는다면 '제3차 세계대전은 이미 시작되었다'는 저자의 예측이 이번에도 역시 정확히 맞아떨어지게 될 것이다.

제3차 세계대전은 이미 시작되었다

초판 1쇄 발행 2022년 11월 11일

지은이   에마뉘엘 토드
옮긴이   김종완 · 김화영
펴낸이   명혜정
편 집   송수영
펴낸곳   도서출판 이아소
교 열   정수완
디자인   이창욱

등록번호   제311-2004-00014호
등록일자   2004년 4월 22일
주 소   04002 서울시 마포구 월드컵북로5나길 18 1012호
전 화   (02)337-0446 팩스 (02)337-0402

책값은 뒤표지에 있습니다.
ISBN 979-11-87113-57-7 03300

도서출판 이아소는 독자 여러분의 의견을 소중하게 생각합니다.
E-mail: iasobook@gmail.com